勝負の日に「最高の私」になる
30日レッスン

真織由季 著

WAVE出版

はじめに

宝塚歌劇団時代、私は「スターなのに華やかさがない。器用貧乏でオーラがない」と酷評されていました。歌や芝居はいいのに、華がないのです。宝塚を退団して一人でライブをしたときも、「まったくオーラがない。後ろでピアノ伴奏していた子のほうが魅力的だった」と言われました。

でもカウンセラーになって、「縁の下の力持ち」的な仕事に就いた今は、「オーラが強いね。どこにいても目がいくから、すぐに見つけられる」と言われるようになりました。

なぜ、私はこんなに変われたのでしょうか。これから皆さんにお伝えすることは、皆さんの個性、よいところを伸ばし、その人らしく輝く方法です。30日後の皆さんの「勝負の日」を目指して、最高の自分に変わっていく方法です。ところで……

「自分のよいところって、どこだろう」

「最高の自分って、どんな自分だろう」

実は、わからない方がほとんどなのではないでしょうか。自分を知らなければ、オーラを出すことはできません。なりたい自分のイメージが曖昧《あいまい》であれば、それに近づくこともできません。

最高の自分に近づくためには、まず「身体の力を抜くこと」が必要です。緊張してがんばりすぎていては、自分のよいところには気づかないし、伸ばすこともできません。また、「毎日を楽しみながらレッスンしたり勉強したりすること」も重要です。なぜなら、楽しんでしたことは必ず身につくからです。

そして「目標をもつこと」。目標は自分との約束です。私たちは人との約束は守りますが、自分との約束は後回しにしがちです。でも本当は、自分との約束を最優先すべきなのです。

本書を手にとってくださった方は、前向きな気持ちは誰にも負けていないはずです。ただ、方法が見つからないだけです。夢を実現させる確かな方法をまとめましたので、ぜひ役に立ててください。

２０１５年11月

真織 由季

勝負の日に「最高の私」になる30日レッスン

目次

第2章 今日が輝けば未来も輝く

【第2ステージ】11日目〜20日目のワーク
幸せ体質になる10の習慣 125

第3章　目標をイメージすれば夢は叶う

【第3ステージ】
21日目～30日目のワーク

夢を予定にする10の習慣

執筆協力　黒坂真由子
装幀　豊原二三夫（As 制作室）
写真　工藤ケイイチ（ＢＲＩＤＧＥ）
DTP　NOAH

序章

輝くための確実な方法がある

勝負の行方は「普段」の過ごし方しだい

私は宝塚歌劇団で、1985年から1995年までの10年間、男役のスターでした。「スター」というのは、宝塚では役職名です。トップスターが部長とすると、三番目のスターだった私は、課長くらいの位置にいたといえるでしょう。

最初はダンスにしても歌にしてもお芝居にしても、スポンジが水を吸収するようにグングンと上達していきました。先輩たちのお手本を見ているだけで真似できてしまう、そんなにレッスンをしなくてもなんでもできてしまう、ちょっと「感じの悪い」生徒でした（宝塚歌劇団では、劇団員のことを「生徒」と呼びます。これは歌劇団創設者、小林一三先生の言葉です）。

今考えると、当時私は完全に右脳派だったのだと思います。考えずにイメージでなんでもやってみる。考えずに行動するとき、人間の脳はその機能をフルに発揮します。

そのころの私は、「自分にできないことはない！」と思えるくらいの勢いがありましたから、お手本を見てすぐにできない人の気持ちがわからず、「なんで、できないの?」と、いつもイライラしていました。

私は5年目を迎えたころから「スター」として扱われるようになり、仕事が増えて忙しくなりました。しかし、そのあたりから物覚えがだんだん悪くなっていきました。イメージで身体を動かすことができず、なんでも頭で考えるようになっていたのです。身体を動かしながら見様見真似で覚えるのではなく、知識として全部覚えてからでないと動けない、そんな感じでした。

頭ばかり使って、分析したり、計算したり、識別したりと、完全に左脳派になっていた私は、とてもつらい毎日を送ることになりました。左脳派が悪いというのではありません。右脳派、左脳派というように、使い方がどちらかに偏ると、私たちの脳はとても疲れてしまいます。何事もバランスが大事なのです。

でも、なぜ私はそんなふうになってしまったのでしょう。もともとの体質や育った環境があったのかもしれません。脳が疲労しやすい体質だったのかもしれませんし、脳が疲労しやすい考え方が癖になっていたのかもしれません。

当時の私は、スターとしての競争のなかで、ファン数の比較や人からの評価をとても気にしていました。「華がない」という酷評を受けるたびに落ち込み、自分で自分の評価をどんどん下げていきました。そこへきてのハードスケジュールです。私は疲労し、身も心もどうしようもないところまで落ちてしまいました。

私はパニック障害の過呼吸症候群になり、ある日、舞台が始まる直前に、舞台袖で倒れてしまったのです。これは当時の宝塚歌劇団にしたら大問題です。舞台を休むことが許されない宝塚では、代役も用意されていなかったからです。

私は2年の間に、これを2回もやってしまいました。そして「もう、宝塚にはいられない」と思いつめ、退団を決意しました。そのときの状況は、「命からがら、宝塚から逃げた」といったほうが正しいと思います。

あんなに好きだった宝塚……あんなにスターになる夢を見てがんばってきたのに、高校生のころから夢にまで見たスターの座、そしてそのスターになれたのに、自分でその座を捨てて逃げてくるなんて……。

またしても私は、自分を責め続けました。

退団して少し休めば、症状はきっとよくなるだろう。当時の私はそう考えていました。しかし、症状はよくなるどころか、悪化していきました。そして、ほかにもたくさんの症状が出始めたのです。

27歳から43歳までの私は、過呼吸症候群、拒食症、過食症、赤面症、過敏性大腸症候群、月経前緊張症、過眠症、不眠症……。ほかにも、風邪をひきやすい、怪我をしやすい、鼻血が出やすいなどの症状を抱えていました。今、思い浮かべただけでもこれだけ出てくるのですから、もっとあったはずです。

退団後、女優として活動していましたが、43歳になった私は、さらに悩むようになりました。この年頃の女性は体調の変わり目で、人生についてもいろいろ考える時期にあります。私も、女優としての将来を不安に思い、何をやっても思うようにいかない毎日を送っていました。「今のままではだめだ」と焦り、自分を否定することの連続でした。

そんなときに出合ったのが、現在私がストレスケア・カウンセラーとして働く「B

TU（バランスセラピーユニバーサル）」です。私はそこで行っている、**問題をひとまず横に置きながらイキイキと生きる技術や、心と身体の両方からストレスや人生にアプローチしていく技術**に、惚れ込みました。この技術があれば、私はまた幸せになれるかもしれない、人生に華を咲かせられるかもしれない、と思ったのです。

そのころの私には、疲れやすく、よく眠れない、なんとなく体調が悪いという症状があったのですが、カウンセラーの勉強を始めると、1カ月ほどでそれらはほとんど消えてしまいました。目標ができたことで、人生がイキイキと回りはじめました。小さなことから大きなことまで、「奇蹟のような出来事が起きている」と感じられるようになり、生まれて初めて地に足をつけて生きている、という感覚になったのです。

そして、この「イキイキと生きる技術」を、必要としている人に伝えたいと強く思うようになりました。

そうなのです。**人が輝いて生きるためには「技術」が必要なのです。**なかにはそれを生まれながらにもっている人もいます。早寝早起き、健康的な食事、適度な運動などの生活習慣に加えて、ストレスをためないものの捉え方、考え方、人とのコミュニケーションのとり方などを自然に身につけられる人です。
しかし、多くの人はそうではありません。ならば、**今から輝いて生きるための技術を習得すればいいのです。**そう、ちょうど私がしてきたように、です。

今、私はストレスケア・カウンセラーとして、一人ひとりに寄り添い、向き合い、その人が納得できるまで、人生を切り開いていくお手伝いをしています。そのなかで私は、教室に来てくださる方々からたくさんの気づきをいただいています。お手伝いをするはずが、いつも私のほうが成長させてもらっていると感じる日々です。

現在、こうした私のストレスケア・カウンセラーとしての経験は、カウンセラーになる前からレッスンを担当している「ジェンヌＶＢＭ宝塚受験クラス」のレッスンにも応用されています。主催の花愛望都《かあいもと》先生や、ＢＴＵ後楽園の非常勤講師であり受験クラスのバレエ講師でもある芽映《めばえ》はるか先生のレッスンに生かされています。

このクラスからは、宝塚音楽学校合格者40人のうち、毎年１人か２人を合格させています。２０１５年の春には、３人が合格しています。先生方のご尽力はもちろんですが、ストレスケア、ストレスマネジメントを加えたレッスンは、生徒さんたちの本番での緊張を解き、オーラを出す上で役立っていると思います。

オーディション、面接、各種試験のような緊張を強いられる場面にリラックスして臨み、オーラを発揮することは、合格の重要な鍵となります。

そのために大切なのは、「勝負の日」よりも、むしろ「普段の生活」です。毎日の生活は、勝負の日に続く道のりだからです。日々をいかにリラックスしてイキイキと生きていけるかが、問われます。

オーラが輝くとき、人はとてもクリアに、白く見えます。なんとなくくすんで見えるのは、肌の色のせいだけではありません。毎日の生活や考え方を変えて、自分のオーラを磨きましょう。普段の生活を見直せば、今抱えている問題の答えはそのなかに必ず見つかります。特別なことなどいりません。身体の力を抜いて、普段の生活をキラキラと輝くものにしていきましょう。

そのための具体的な方法を、これからお伝えしていきます。一緒に楽しみながら進んでいきましょう。

望む結果はリラックスで引き寄せる

本書は3つの章で構成されています。

第1章では、身体の力を抜くことから始めます。身体の力を抜くということは、脳、とくに「脳幹」をリラックスさせ、活性化させることにつながります。脳幹は脳のいちばん深い部分にあり、哺乳類だけでなく、爬虫類のヘビやトカゲももっているもので、生命維持に欠かせません。自律神経やホルモンを整え、免疫力を保ち、筋肉、内臓を動かすなど、身体全体の動きをつかさどっています。

この脳幹が緊張したり疲労したりすると、感情をつかさどる「大脳辺縁系」や、知識や心の源である「大脳新皮質」も疲れてしまいます。つまり**脳幹が元気を失うと、イライラしたり、落ち込んだり、頭が働かなかったりと、思うように活動できなくなるのです。**

自分の望む結果を出すには、身体の力を抜いて脳幹をリラックスさせ活性化することが必要なのです。私の教室では、筋肉（抗重力筋）から脊髄神経を通って脳幹にアプローチする技術を使って、脳のストレスを取り除いています。ここでは、家庭でもすぐにできる10日間のワークを紹介していきます。続ければ必ず結果が出ます。

第2章では、身体と同時に心の側からもアプローチしていきます。人間にしかない大脳新皮質がつかさどる「心」からのアプローチです。10日間のワークでは、引き続き身体の脱力を促しながら、言葉を使った「心のトレーニング」をしていきます。

皆さんもふと目に止まった言葉に心を救われたり、ホッとしたり、癒されたり、気づきを得たりしたことがあると思います。そのような心を動かす言葉を使っていきます。**身体のトレーニングだけでは気づきが遅れてしまいますので、同時に心を動かす言葉のトレーニングをしていきましょう。**

第3章では、具体的な目標を定めます。目標にはつくり方があることを、皆さんは知っていましたか。そのとおりにやれば、夢は必ず叶うのです。

目標は皆さんの「未来計画図」です。これを描くには、具体的な数字とイメージ（映像）が必要です。これを描くことで、ワクワク、ドキドキできれば、それはもう、夢は叶ったのも同然です。10日間のワークを、心を躍らせて楽しんでやりましょう。

30の習慣で「なりたい自分」へ

それぞれの章には、10日間の「ワーク」がついています。ワークには、各章の目的を叶えるための「行動」が盛り込まれています。**本を読んで「学ぶ」ことも大切ですが、それ以上に行動することで、自己肯定感は上がっていくものです。**

全30日（30項目）のワークは3つのステージに分けられ、それぞれの内容は、次のようになっています。

・第1ステージ　1～10日目　脳がイキイキする10の習慣
・第2ステージ　11～20日目　幸せ体質になる10の習慣
・第3ステージ　21～30日目　夢を予定にする10の習慣

これらは同時に始めても、ステージごとに進んでもけっこうです。大切なのは自分のペースを守ること。無理をせず、がんばりすぎず、でも怠けない。自分なりのボーダーラインを探ってみてください。手前で限界がくる人、意外と粘れる人、さまざまだと思います。ここで大切なのは、人と比べないことです。

自分らしいオーラを出すために、観察するのは自分自身です。どうしたらモチベーションが上がるのか、どうしたらへこまないですむのか。コントロールするのがいちばん難しいのが自分です。ワークを実践しながら、自分をとことん知りましょう。それが「なりたい自分」に近づく近道です。

ワークを始めるにあたって、いちばん大事なことは、「自分で決めて実行すること」です。これは人生においても同じです。

私たちは、自分のことを他人に決められるのが大嫌いですよね。これから行うワークは、自分でやると決めたことなのですから、絶対に楽しいはずです。ワクワク楽しみながら実行してください。

それともう一つ、ワークを始めるにあたって、「なりたい自分」を思い描いてみてください。あなたがこの本を手にとったのは、「なりたい自分」があるからです。その自分をしっかりイメージしながら、ワークに取り組みましょう！

人生を前に進めるためには、楽しむことが大切です。30日間のワークは、皆さんに大事なことを気づかせてくれるはずです。日々トレーニングをしながら、どんなことを感じるかということを大切に、進めてください。

第1章

脳がリラックスすれば力が湧く

がんばらないほうが夢は叶う

この本をご覧になっている皆さんは、きっと、夢に向かってものすごくがんばっているると思います。でも、その成果は出ていますか。がんばっても、がんばっても、うまくいかない、ということはありませんか。

実は、がんばることがすべてになってしまうと、成果は出ないのです。これにはびっくりですよね。私たちは小さいころから、「がんばれば、がんばっただけ、いいことがある」と教わってきましたから。私たちの身体には、がんばることが染み付いてしまっているのです。

私もそうでした。宝塚時代、うまくいかないことが多くて、ただがむしゃらにがんばった時期がありました。

苦手だったのは、ダンスのレッスン。宝塚は歌とダンスとお芝居を同時に舞台で披露する「歌劇団」ですから、どれもできるに越したことはありません。でも、私はストレス（脳疲労）が大きかったのか、動くことが非常に億劫でした。ですから、ダンスのレッスンが嫌いでした。毎日自主的にレッスンをしても、なかなか上達しませんでした。そうです、自己流でやってもうまくいくはずがないのです。上達するには「コツ」が必要でした。

あるとき、宝塚歌劇団のレッスンで有名なアキコ・カンダ先生のレッスンを受けました。先生のレッスンは、「呼吸法と筋肉のストレッチ」を教えるものですが、当時の私にはまったくそのコツが頭に入ってきませんでした。「ああ、しんどいな、つらいな、きついな、早く終わらないかな」と考えてばかりいたからです。

それは、私が「レッスンに出た」という証拠だけが欲しかったからだと思います。「真織由季はがんばっている」という歌劇団に対するアピールです。今から思えば、本当にもったいない話で、そんな状態では何時間がんばっても身体は柔らかくならないし、ダンスも上達しません。

５分でもいいので、先生の言葉に集中して、ご指示どおりに呼吸法やストレッチを習得していたら、あっという間に身体は柔らかくなっていたはずなのです。

自己流の無駄な努力は、ただ「がんばっているつもり」にすぎません。結果がすべてとは思いませんが、やったらやっただけの結果を出したい。そのためには、**無駄にがんばるのではなく、楽しむことが大切です。楽しむことは、「今、目の前にあることに集中している」証拠なのです。**

当時の私は、そんながんばりをアピールしていたから、輝いていなかったのです。想像してみてください。眉根に皺を寄せて汗をかきながら、「がんばっています!」とアピールしている人に、キラキラやオーラは感じられないはずです。

よいことばかりが起きる「脳脱力」

もう、がんばらなくてもいいのです。

「がんばらなくてもいい、って言われても……」

そんな声が聞こえてきそうですね。でも、がんばる代わりに、もっと大切にしてほしいことがあります。それは、楽しむこと。

楽しんでやったことには必ず成果が出ます。ワクワクして取り組んだことには、よい結果がついてくるのです。

皆さんの周りにも、それほど努力はしていなさそうなのに、よいことばかりが起きている人がいませんか。

そんな、いつも笑顔でキラキラしていて、なんでもうまくいっている人は、皆「楽しむこと」がとても上手です。何事にもワクワク、楽しく取り組んでいるから、自然と成果が出る。周りもそういう人を助けてあげたくなる。その結果、よいことばかりがどんどん起きるのです。

「よいことのあとには、必ず悪いことがある」なんて、実は嘘です。「よいことのあとには、また、よいことがある」のです。

ですから、この本を手にしてくれた「がんばっている」皆さんには、がんばることはもうやめて、「楽しむ」ことにシフトしてもらいたいと思っています。楽しんでいる自分のほうが、がんばっている自分より、夢に近づけます。

まずは、がんばりすぎて凝り固まっている「脳の脱力」をしましょう。ガチガチの脳のままでは、光り輝く自分のイメージさえもつことはできません。

自分を振り返ってみて、次のような心当たりがあったら、ガチガチ脳のもち主です。

①自分を否定しがち。
②周りの人と自分を比べてしまう。
③失敗するとひどく落ち込む。
④相手の気持ちを想像して悩んでしまう。

いかがでしょうか。全部当てはまったという方も多いのではないでしょうか。

最初の10日間のワークを進めるに際して大切な、ガチガチ脳から抜け出すための方法を学び、それから実際にトレーニングをしていきましょう。10日後にはきっと「がんばる」を卒業して、今を「楽しめる」自分に変化しているはずです。

どんな時でも自分を否定しない

自分を否定する癖を直す

がんばることのマイナス点の一つは、自分を否定してしまうことです。
「がんばっているのに、成果が出せないダメな自分」という考え方に陥っていたら、要注意です。**自分否定は、考え方の癖のようなものです。**まず、この癖から直していきましょう。

初めに、自分の心の声に注意を向けてください。

例えば、朝起きて鏡を見て「肌が汚いな」と思ったら、「自分否定」１回です。服を選ぶときに「脚が太いから、今日もパンツにしよう」と考えたら２回目。余裕があれば、回数をメモしておくとよいでしょう。どれだけ自分を否定しているかがわかって、びっくりするはずです。

私は宝塚時代、「このままではいけない」という自分否定を日常の糧としていました。これは私だけでなく、多くの方にも思い当たると思います。宝塚の受験生を見ていても、そういった考えで前に進もうとしている人がほとんどです。

ですから宝塚受験の生徒さんにも、「自分をほめてください」という課題を出し、自分がどんなに素晴らしくて、どんなに物事に一生懸命取り組んでいるかを発表してもらっています。そんな時の生徒さんの笑顔は、輝いています。

私が自分否定を始めたのには、きっかけがありました。宝塚歌劇団が発行する雑誌『歌劇』には、「講演評」という生徒の評価が書かれている欄があります。ある時、「今号はどんなことが書いてあるのだろう」と、ワクワクしながら雑誌を開いてみると、そこには「真織由季には華がない」という一言があったのです。その日から私は、「自分には華がないんだ。オーラがないんだ……」と、自分を否定するようになりました。

自分の舞台の映像を見てはがっかりし、歌も芝居も踊りも素敵じゃない、立ち姿もなっていないと、自分否定ばかりするようになりました。自分が嫌いで、「私は全然素敵じゃない」と思いながら舞台に立つ姿を見て、素敵と思えたお客様がいたはずもありません。

たった1回の他者の意見にとらわれて、自分を否定しすぎていたと、今なら思えます。しかし、考え方の癖なので、一度とらわれたらすぐにはやめられません。ですから、まずは「否定している自分」に気づけたら、それだけでもう「花まる」なのです。そんな自分を肯定も否定もしない。そして、自分自身に悪口を言っていることに気がついたら、

「今、悪口を言っている自分に気がついた」

と、自分をほめてあげましょう。

自分否定は一度気づいてしまえば、自然と減っていくものです。ですから、まずは気がついた自分をほめることで、第一歩を踏み出しましょう。

「ねばならない」をやめる

自分否定がよくないのは、人間関係の基本が自分だからです。自分が自分に否定されると、すべての関係がとてもつらいものになります。

もしだれかに、毎日会うたびに「ブス」と言われ続けたら、きっとすごく落ち込んで、毎日がイヤになってしまうはずです。もちろん相手のことも、大嫌いになります。

自分否定をしている人は、同じことを自分にしているのです。自分に対する「肌が汚い」「かわいくない」「また太った」「頭が悪い」「仕事が遅い」などの攻撃は、脳を緊張させ、疲労させます。そして、気持ちがすさみ、自分のことが大嫌いになってしまうのです。

逆に、悪いことばかりしている人でも、「私ってサイコー」と思っている人は、どんどん輝いていきます。これは性格がいいとか悪いとかの問題ではありません。理不尽に思うかもしれませんが、そういうものです。

自分を肯定できる人は、周りの人に「あんな悪いことしていたら、あの人、ぜったいに失敗するよ」と思われていても、失敗しません。それどころか、どんどん成功していく。自分を肯定しながらイキイキと生きている人は、だれよりも早く夢を叶えることができるのです。

いわゆるまじめな人ほど、「こうでなければならない」という自分のルールをつくって、そこから少しでもはみ出すと、自分否定に陥りがちです。 ですから、まじめも極端にならない程度にとどめることが大切です。

人と自分を比べない

幸せアピールがあなたをブスにする

がんばることのマイナス点のもう一つは、「人と比べてしまう」ことです。

だれしも「○○さんよりがんばっているのに……」と、考えてしまいがちです。そういった考えは、一度始まると止まらなくなってしまうのが悪い点です。

なんでもかんでも、例えば生まれつきといったところまで、嫉妬の対象にしてしまう。あの子のほうが若い、かわいい、お金持ち、彼氏がかっこいいと、言い出したらキリがありません。その結果、自分を責めてしまうことになるのです。

これは、ちょっと難しい話になりますが、「識別作用」という人の左脳の特徴からなるものです。**脳が疲れているときは、左脳ばかりが活性化されてしまうので、なんでもかんでも比べたくなってしまうのです。**また、人となんでも比較したくなるのは、女性の特徴でもあるでしょう。

とはいえ、今、人との比較を助長しているなと思うのが、SNSです。SNSでは、素敵なシーンを写真に撮って自分のページに掲載します。ですから、それを見た人のなかには、「あの人はあんなに素敵なのに、私は……」と落ち込んでしまう人もいるでしょう。

「湘南までドライブしています！」という投稿写真のサイドミラーに、その子の彼氏が映っているのを見て、「私は家でゴロゴロしているのに、○○ちゃんは……」なんて思ってしまうこともあるでしょう。SNSには、人の気持ちをざわつかせる材料があふれているのです。

私も、同じような思いをしてきました。私は女優時代、仕事がないとずっと家にこもっていました。そんな時にテレビを見ると、昔一緒に舞台に立っていた天海祐希さんや、真矢みきさん、檀れいさんが出ているのです。そして、忙しそうに活躍している彼女たちと暇な自分とを比較して、心をザワザワさせていました。

そのころの私はストレスも大きく、つい周りの人にあたってしまうこともありました。そんなことをしたら、自分がいちばん傷つくということに、気づいていなかったのです。

でも今では、同じようなことがあっても、「私は私、人は人。今の自分にはこの時間が必要」と、人の行動はまったく気にならなくなりました。人は変われるのです。

ここで一つ、よいことをお教えしましょう。**本当に幸せな人は、ＳＮＳで「幸せアピール」はしません。**やってみるとわかりますが、「幸せをアピールする」のは、けっこう大変なことです。脳の緊張も高まります。

本当に幸せな人は、もっと力が抜けているものです。それに、彼や家族などの大切な人たちと過ごしている時間や信頼関係のほうが大切なので、あえて外に向けてアピールする必要がないのです。

ですから、ＳＮＳで幸せをアピールしている人を見ると、ストレスケア・カウンセラーの私としては、「大丈夫かな……」と、逆に心配してしまいます。とくに、以前幸せだった人や、成功を収めた人は、それ以上に幸せでないと、周りから心配されてしまうため、「幸せアピール」に四苦八苦しているようにも思えます。

幸せじゃない……だから「ラッキー」

「人間にとって最も不幸なことは、昔、幸せだったことだ」と言った人がいました。もしあなたが今、輝いていないとしたら、それはラッキーなことかもしれません。なぜなら、**人がいちばん幸せを感じられるのは「幸せになりつつある」ときの感覚だからです。**「幸せになった」という完了形の感覚は、必ずしも「幸せ」とイコールではないのです。

この本を手にとってくださった、最高の自分を目指すあなたは、「幸せになる途上」という最もいい場所にいるのです。もっと自信をもってください。

感情との向き合い方は「筋トレ」と同じ

それでもうらやましいと思ってしまう気持ちは、なかなか止められないものです。ですから、もしそんなドロドロした気持ちが出てきたら、「こんな私って最悪……」と落ち込むのではなく、「うわっ、この人、汚いな」と、テレビドラマに出てくるイヤな女を見るような感じで、自分を俯瞰《ふかん》してみましょう。自分と向き合って落ち込むのではなく、自分のドロドロした感情を、外から眺めるようなイメージです。

ドロドロした感情が出てきたら、気持ちを変えるために、それまでとは全然違うことをするのもよい方法です。息を吐いてみる、ちょっと外に出てみる、別のことを考えてみる、比べた相手について「〇〇ちゃんのオーラって何色だろう？　茶色かな。だから大嫌いなのよ！」と、思ってみるのでもいいのです。

自分のことを好きになれれば、人と比べることは自然となくなりますが、最初のうちはそれもまだハードルが高いので、まずはドロドロした感情を引き起こした原因から「離れる」ことから始めてみましょう。

比べてしまった自分を肯定も否定もせず、あまり深く考えずに、「比べちゃったんだな」と思うことで終わりにする。それが難しければ、「比べちゃったんだな。脳が疲れているのかな」と思っておしまいにできるようにしましょう。**こういった考え方は、筋トレと同じです。続けていれば、だんだん慣れてできるようになります。**

失敗しても気にしない

失敗しても反省しなくていい

失敗の反省も、思いきってやめましょう。**失敗したときに私たちが本当にしなければならないのは、「よかった探し」です。**

最初は私も、「失敗してよかったことなんて、ないよ」と思っていました。でも最近では、「よかった探し」がずいぶん得意になりました。

宝塚にいたころ、朝が弱く遅刻魔だった私は、寝坊して仕事に遅れてしまうと、「遅刻しちゃった……」と、一日中どんよりとした気持ちで過ごしていました。しかし今は、「たくさん寝られてよかった。疲れもとれたから、今日はいつもよりがんばれそう！」と、「よかった探し」をすることで、前向きに過ごせるようになりました。

最近は、本書にも載せたトレーニングのおかげで、すっきりと起きられるようになり、寝過ごすこともなくなりました。

大きな失敗は「大きなプラス」で返ってくる

「小さな失敗ならともかく、大きな失敗では、よかったことなんて見つけられないよ」と思うかもしれません。でも実は、**大きな失敗のほうが、よいところが見つけやすいのです。**

私は、ストレスケア・カウンセラーの資格をとるための試験に何度か落ちました。落ちてしまったことはもちろんがっかりですが、試験を受けるたびに受験料が10万円くらいかかるので、出費もかなりかさむのです。

でも、落ちなければわからなかったことがたくさんあり、カウンセラーになった今、試験に失敗したことの意味を痛感しています。試験に落ちたからこそ、その後必死で勉強をし、試験では何が悪かったのか、足りなかったのかを振り返ることができました。

例えば70点が合格ラインの試験に、ぎりぎり70点で受かっていたら、カウンセラーになってから大きな失敗をしていたかもしれません。それだったら、69点で落ちるほうがいいのです。知識や技術不足で仕事の現場でだれかを傷つけてしまうくらいなら、受験料10万円など安いものです。

こうしたマインドで自分の失敗を受け止められれば、試験の合格はぐっと近づいてくるはずです。

困難が「あなたのキラキラ」を増やす

失敗して振り返ったとき、どうしても「よかった探し」ができないこともあります。そのような時には、「何か意味がある」と考えるようにします。今はその意味は見えなくても、「いつか、わかるときがくる！」と考えるのです。すると、実際にわかる日はくるのです。

「何か意味がある」と思えた経験が、私にもあります。新しい舞台で大きな役をもらい、練習に励んでいたときのことです。主催者側の都合で、突然私の役がキャンセルされ、もちろん私はすごくがっかりしました。たまたま別の舞台のオファーがきていたため、そちらに出演することに急遽決定しましたが、心のモヤモヤは残りました。

ところがその数カ月後、役をキャンセルされた舞台の関係者が病気になり、舞台そのものが中止になったのです。私は新しい舞台の仕事を入れていたので、仕事に穴があくことはありませんでした。

つまり、私の役がキャンセルされたことには、意味があったのです。その時点ではわからなくても、あとからそう思えた出来事でした。

だれにでも、うまくいかないことは必ず起きます。ずっと成功し続けている人はいません。ですから、私たちに大切なのは、「次に何につながるかを考えること」なのです。「このことには何か意味があるのだろう」と捉えて、自分を窮地から救ってあげましょう。意味はあとで必ず見つかるものです。困難から自分を助けられるのは、自分に語りかける言葉だと思います。

同じ状況にあっても、「よかった」と思える人と「最悪」と思う人とでは、人生そのものが違ってきます。自分が悪かったわけでもなく、他人が悪かったわけでもないのです。「自分が」「あの人が」と言っていると、気持ちも行動も停滞して、動けない自分になってしまいます。

本当にキラキラしている人は、困難がないからキラキラしているのではありません。「困難のなかにあっても、キラキラしている」のです。

人の小さな失敗を認める

このように皆さんに話をすると、「日常の小さな失敗を認めることから始めてもいいですか。そのほうが簡単そうだし」と必ず言われます。

でも、小さな失敗を肯定することは、けっこう難しいのです。試験や舞台のキャンセルのような大きな失敗は、自分でもその意味を必死で探そうとするので、「よかった探し」は意外にも楽にできます。

一方、日々の小さな失敗は、日常生活のなかで過ぎていってしまうもの。それに、脳が疲れたままだと常に問題を探している状態になっているので、日常が失敗だらけになってしまい、認めることがよけいに難しくなってしまいます。小さな失敗の容認は、実は難易度が高いのです。

日々の小さな失敗は、自分の話より人の話から取り組んだほうが、いいかもしれません。例えば、ダイエットをしている友だちが「昨日の夜、焼き肉を食べすぎた」と後悔していたら、「でも、タンパク質をとったから、肌の調子がいいみたいよ」と言ってあげる。「髪の毛のカットに失敗した」と言っていたら、「私はその髪型、好きだよ」と伝える。

そんなふうに、周りの人の日常の小さな失敗の「よかった探し」をしていると、肯定のコツがつかめるようになります。それに、なによりも人間関係が円滑になります。

失敗したときこそ「自分をほめる」

それでも失敗はこわいという方に、「絶対に失敗しない方法」が一つだけあります。それは、「チャレンジしないこと」。そうです。**チャレンジしない人は、失敗さえできないのです。**でもそれでは、人生がつまらないものになってしまいます。

夢に向かっている私たちは、失敗するのが当たり前です。ですから、失敗している自分をもっとほめてあげてください。失敗は、チャレンジしている証拠、夢に向かって行動している証拠だからです。失敗して「よいこと探し」をする癖がつけば、チャレンジがこわくなくなります。

失敗しているときの私たちには、まだまだ伸びしろがあります。**失敗は「結果」ではなく、目標に向かうプロセスです。失敗している自分こそ、目標に向かって確実に進んでいるのです。**ですから、たくさん失敗していいのです。

相手の気持ちを覗かない

「妄想族」を卒業しよう

私は、宝塚にいたころまでは、人の気持ちを勝手に想像して生きていました。友人には、「勝手に人の気持ちを決めないで」と、よく言われていました。当時はその意味がわかりませんでした。友だちに否定されても、「だって、あなた、そう思っているじゃない」と、言葉にしなくても、自分のなかで勝手に決めつけていたのです。超重症の「妄想族」です。周りの人たちはかなり迷惑だったはずです。あのころの皆さん、ごめんなさい。

私たちはともすると、自分の気持ちさえよくわからなくなります。ましてや人の気持ちなど、わかるはずがないのです。でも、**程度の差こそあれ、人は勝手に相手の気持ちを想像しながら生きています。**

人間関係がうまくいっている場合には、その関係性を「共感」「同情」「以心伝心」といった言葉で表したりしますが、一転、マイナス方向に傾くと、「邪推」「勘繰り」「疑心暗鬼」という表現になったりします。「鬼」という字までついてしまう関係性なんて、キラキラを目指す私たちにとっては、避けたいものですね。

「メールの返事が彼からすぐに来なくて。彼、もう私のことが好きじゃないみたい」

あなたがもし、友人からこんな悩みを打ち明けられたら、どう思いますか。

「彼、忙しいんじゃないの？」「たまたま、返信できなかったんじゃない？」と、聞き返したくなる人が多いのではないでしょうか。

そうです。私たちは、他人のことなら冷静に判断できるのです。なのに、いざ自分がこの彼女の立場に立つと、同じような思考回路に陥りがちです。人の気持ちほど、やっかいなものはありません。「妄想しない」でいることは、本当に難しいですね。やめようと思ってやめられたら、苦労はしませんから。

グループLINEより「直接電話」を

思うことは変えられなくても、行動は変えられます。私は常日頃、皆さんに「グループLINEはやめてね」とアドバイスしています。SNSは妄想をかき立てる最たるもの。**「本人の思い」と「文章に表現される内容」が変わらない人は、本当に一握りしかいないからです。**

SNSでやりとりしている相手の文章が、素っ気ないといって悩む人は多いようですが、相手が本当に素っ気なく接しているかというと、そんなことはありません。また、相手の文章の過剰なていねいさを不安に感じる人もいますが、同じことです。とにかく、そこに意図を見出そうとするのは、もうやめにしましょう。相手に「SNSの文章の達人であれ」と求めるなんて、こちらの勝手もいいところです。

グループLINEのようなチャット機能は、誤解の温床です。用事があったり、不安なことがあったりするときは、直接電話で話してみましょう。解ける誤解はなるべく早く解いておいたほうがいいからです。言葉でのコミュニケーションの限界は、20%といわれています。ですから、電話でも誤解が生じる可能性はあります。でも、チャットよりは、話したほうがはるかにいいのです。

スキンシップが妄想を消してくれる

電話よりいいのは、直接会って話すことです。そして可能であれば、スキンシップをもつようにしたいものです。

なぜなら、**脳には言葉が通じない場所がたくさんあるからです。**「愛している」と言うよりも、ぎゅっと抱きしめたほうが、はるかに気持ちは伝わるもの。親子や恋人同士なら、スキンシップがいちばんです。

抱きしめるといったスキンシップが向かない相手や、夫を抱きしめる気にならないという場合は、握手や、ポンと背中や肩を叩くだけでもいいのです。相手に触れることが、とても大切なのです。

スキンシップは、脳の緊張を和らげてくれるので、これはもう自分のためと思って、積極的に行動に出てみましょう。

「自分の脳をゆったりさせるために、スキンシップを心がける」

それならできるのではないでしょうか。

生理前には「絶対妄想しない」

多くの方と話をしていると、妄想には、起こりやすい「時期」というものがあるようです。女性は「生理前」が多く、「お腹がいっぱいのとき」という方もいます。たしかに食べ物が胃にたまると、血液が胃に集中するので、脳の働きは悪くなるかもしれません。

私の妄想時期は、圧倒的に排卵日と生理1週間前です。ホルモンバランスが乱れるので、脳幹が疲労して起こるものと考えられます。

私は妄想族になると、人に対する思いやりがすっかりなくなります。浮気をしているのではないか、嘘をついているのではないかと、恋人にあらぬ疑いをかけることもありました。連絡してこないのは、風邪で寝込んだり、仕事でトラブルが発生したりしているせいかもしれないのに……。当然わかっているはずなのに、なかなか逃れ難いのが、妄想のやっかいなところです。

実際、このように妄想しながら、人の気持ちを基準にして生きていると、自分の軸がどんどんブレてしまいます。それこそ、将来の目標どころではなくなってしまいます。

妄想は、まったく意味がありません。とにかく無駄なのです。これは、相手の気持ちを無視しなさいと言っているのではありません。よけいな詮索をしたり、「この人はこう思っている」と勘繰ること自体が、意味のないことなのです。

そこで、妄想している自分に気がついたら、次のことを考えてみましょう。

・相手と直接話せる方法はないか

・スキンシップをとる方法はないか

妄想は突然やってくるものなので、常に目にすることができるように、パソコンや冷蔵庫に付箋を貼っておいたり、手帳にメモしておいたりするといいでしょう。

気持ちの切り替えができるようになれば、その瞬間、妄想から逃れられているはずです。妄想族は、もう卒業です。

いろいろ考えすぎない

私たちは物事を複雑に考えすぎます。

彼や夫の機嫌がとても悪いときに、「よけいなこと言っちゃったかな。何か悪いことしたかな」と不安になり、「ねえ、私が何か悪いことしたかな？」と問いつめて喧嘩になることがあります。本当の原因は仕事で疲れているだけなのに、というケースも多々あるでしょう。

私もそんな経験をしたことが、何度もあります。ある時、友人との会話で、冗談でからかったつもりが、相手をむっとさせたように思えたことがありました。

「からかっては、いけなかったのかな」と気になって、「今、むっとしてる？」と友人に聞くと、「いやいや、違うよ。逆に、さっき君に悪いことを言っちゃったなって反省してたんだよ」という答え。

なんと、相手も私がむっとしていると思っていたようなのです。友人は笑って「そんなことで怒らないよ」とも言ってくれました。変に妄想したまま気に病む前に、友人に確認してよかったと思えた出来事でした。

ちょっとした相手の行動や言葉は、自分で勝手に妄想する前に、きちんと確認することをお勧めします。気になったら、すぐその場で確認します。すると、意外な言葉が返ってきます。例えば「寒かったから」とか「眠かったから」とか、だいたいが「なんだ、そんなことだったのか」と思える内容だったりするのです。

物事を、いつも「AだからBなんだ」と考えていると、へとへとに疲れてしまいます。ですから、もし彼の機嫌の悪い状況に出くわしたら、「私がよけいなことを言った（A）から、彼の機嫌が悪い（B）んだ」と考えずに、「彼は機嫌が悪いんだ（B）」と、シンプルにBだけで終わらせるのです。

彼が、あなたのことをどんなに愛していても、疲れて眠いときはあるでしょう。だから、「彼は眠いんだな」とか「そんなときもある」くらいに受け止めておく。間違っても「私のことが嫌いだから（A）」と、Aを差し挟まないようにしましょう。

人の言葉はシンプルに受け取る

私たちは意外と単純なのだということを、忘れないようにしたいものです。**人の気持ちの裏の裏の裏まで考えて行動できるような人は滅多にいません。**

私が宝塚歌劇団にいたころ、上級生と2人で喫茶店でお茶を飲んでいたときのことです。2人とも同じショートケーキを頼んだのですが、ショートケーキは1つしかありませんでした。上級生は、「私、本当はチョコレートケーキがよかったから、ショートケーキをどうぞ」と言って譲ってくれました。

普通ならば、上級生の言葉を素直に喜んで受けるところでしょう。でも、当時宝塚には、「さっしーな」といわれる、上級生の気持ちを下級生が「察しないといけない」風潮がありました。もし、それができないと、上級生の機嫌が悪くなるという、なんとも不思議な空気が流れていたのです。

もちろん、上級生全員が、というわけではないので、一緒に喫茶店に行った先輩の機嫌が悪いとは限らないのに、私は、「先輩はもしかしたら、本当はショートケーキがよかったんじゃないかしら。あのあと、なんとなく不機嫌に感じたし。私が譲るべきだったのかしら。私って気が利かないと思われてないかしら……」と頭のなかで堂々巡りをしていました。

ここでの教訓は、「人の言葉は、シンプルに受け取るに限る」ということです。それで相手が怒ったのならば、「最初から、ショートケーキがよかったと言ってくださいよ」と笑い飛ばすくらいの気持ちでいましょう。

もし、グルグルと考えだした自分に気がついたら、なんでもいいのです、「行動」を始めてください。そうすることで、それまでとりついていた思考からいったん離れることができます。

そのためにも、グルグルし始めたらすることを、あらかじめ決めておき、自然に行動に移れるようにしましょう。それが物事をシンプルに保つコツです。

私の場合は、じっと考え込みそうになったら、すぐに掃除を始めます。周りがきれいになるのと同時に、気持ちもすっきりするので、一石二鳥です。掃除は、脳の清浄にもつながることを実感しています。

過去の清算は簡単にできる

ここで、夢に向かうあなたに、ぜひすませておいてほしいことがあります。それは、過去の清算です。過去を清算しなければ、新しい未来はやってきません。

「過去を清算する」というと、「昔の彼氏に会いに行って……」と、考える人もいるかもしれませんが、違います。そんなドラマチックなことではありません。

自分が清算したいと思っている過去が写っている写真を捨てます。違和感をもつ写真、なんとなく好きじゃない写真、いやな写真、写りが悪いと感じる写真は、マイナスの感情とともに思いきって捨ててしまいましょう。

私たちが目で見るビジュアルな刺激は、脳に大きな影響を与えます。ですから、見るといやな気持ちになる写真は、とっておいてもマイナスの要素しかありません。未来に向かうために、写真の整理をぜひしてください。

私は、宝塚でスターだったことをステイタスとしていたので、女優時代はその過去の栄光にすがって生きていました。しかし、それほどストレスのたまることはなかったのです。それは、「今」は幸せではないということだからです。

カウンセラーの勉強を始めてから、私は「元宝塚」という肩書きに振り回されることがなくなりました。「今」が充実しているからです。ですから、宝塚時代の写真やビデオはすべて捨てました。

宝塚に落ちたから、弁護士になれた!?

私がカウンセラーとして教えてきた生徒たちが皆、宝塚音楽学校に合格したわけではありません。試験に落ちた直後は、みんながっかりします。そんな時、私は次のように伝えています。

「この先の人生で、落ちてよかった、落とされたのではなく自分が宝塚を選択しなか

ったのだと気づくときが必ずきます」

新しい道が開けている子というのは、宝塚受験に真剣に取り組んだ子ばかりです。夢に向かって積み重ねた経験があったからこそ、試験に落ちた経験があったからこそ、新しい道が開けたのです。私の生徒のなかには、東京芸術大学や慶應義塾大学に合格したり、弁護士になったりした子もいます。

人生に無駄な出来事は一切ありません。どんな経験にも、私たちを成長させる意味や価値が必ずあるものです。意味が、すぐには見つからないときもあるでしょう。そんな時は、「これには何か意味があるのだろうな。いつかこの先、きっとわかる！」と自分を励ましていきましょう。

私は、ストレスケアの勉強を始める前の43年間を、「がんばりすぎ、否定しすぎ、比べすぎ、妄想しすぎ」で過ごしてきました。ガチガチの脳で考えすぎの人生でした。今になってみると、「あのころあんなに悩んだり、考えたりしたのは無駄だったな」と思うこともあります。

でも、「無駄だった」とわかるようになったのは、無駄な時間を過ごしてきたからこそです。ですから、そんな時期の私の時間は決して無駄ではなかったといえます。

同じような時間を過ごしてきた皆さんがいたら、「それも無駄じゃないですよ」と、声を大にして言いたい。そんな自分を否定しないで、次に進んでもらえたらと思うのです。

私もまだまだ成長途中です。後ろではなく、前を見て、一緒に進んでいきましょう。

キラキラオーラを生む「脱力トレーニング」

この章の最後に、「がんばり癖」がついている皆さんに、がんばることについて、少し説明をしておきます。

人生の勝負どころで必要なのは「がんばるトレーニング」と「力を抜くトレーニング」です。

「がんばるトレーニング」とは、皆さんが今必死でしている勉強や、ダンス、歌、仕事などのことで、外にエネルギーを放出するタイプのトレーニングです。

一方、この本で心と身体の両面からお伝えしていくのが**「力を抜くトレーニング」です。これは、内にエネルギーをつくるタイプのトレーニングで、心と身体にエネルギーを蓄えることで、生命力やたくましさを身につけます。**トレーニングの対象となるのは、食事と睡眠だけではありません。現代社会に生きる私たちは脳も疲れているので、その疲れも同時に取り除いていきます。

内側にエネルギーが足りない人が、「がんばるトレーニング」ばかり続けていると、エネルギーが足りなくなって、ポキッと折れてしまうことになります。これは身体に現れることもあれば、心に現れることもあります。

でも、内側にエネルギーがあれば、何かで失敗してもめげることがないため、あきらめず、イキイキと目標に向かって進んでいけるわけです。

現代社会では多くの人たちが、がんばるだけがんばって、自分のなかのエネルギーを空っぽにしてしまっています。輝けない、眠れない、成績が上がらない、やせない。こんなにがんばっているのに、なんでだろう……と思っている人がどんなに多いことでしょうか。

これは、カウンセラーの私から見れば、やりすぎ、がんばりすぎの状態です。心身ともにエネルギーがなくなっている状態では、がんばっても、うまくいかないのです。

これからお伝えするワークを行っていけば、あなたの内側のエネルギーがぐっと高まります。がんばりすぎず、楽しみながら続ければ、必ず成果が出てきます。

ここで申し上げておきたいのは、ワークを行っていく上でいちばん大切なのは、継続です。**奇跡は継続のなかでしか生まれません。「がんばっていれば、いいことがある」のではなく、「続けていれば、いいことがある」のです。**

ですから、続けるために、決して無理はしないでください。無理をせずに継続していけば、あなたのオーラが生まれてくるでしょう。

コラム

左脳と右脳

私たちが生活している現代社会は、人の左脳を活性化させるアイテムであふれています。テレビ、ゲーム、スマホ、パソコン。これらはすべて左脳を使います。左脳は分析、識別、計算などが得意で、文字情報もつかさどります。

一方右脳は、自己受容、目に見えない物を感じる力をもった脳です。満足感、想像力、感受性の脳ともいわれます。右脳を活性化させるには、アナログでアーティスティックな活動をすることが基本です。

大股で歩く、息を吐く、笑う、脱力する、あるいは綺麗な写真集を見る、自然の風を感じる、目の前にいない人をほめる、振りを真似るなど、頭にイメージを引き起こす行動が、右脳の活性化の助けとなります。

これは、右脳の仕事が、イメージを扱うことだからです。右脳につながっている左手でお箸を使うのも、単純ですが、右脳活性化のためにいいと思います。

左手を使うと右脳を活性化できる

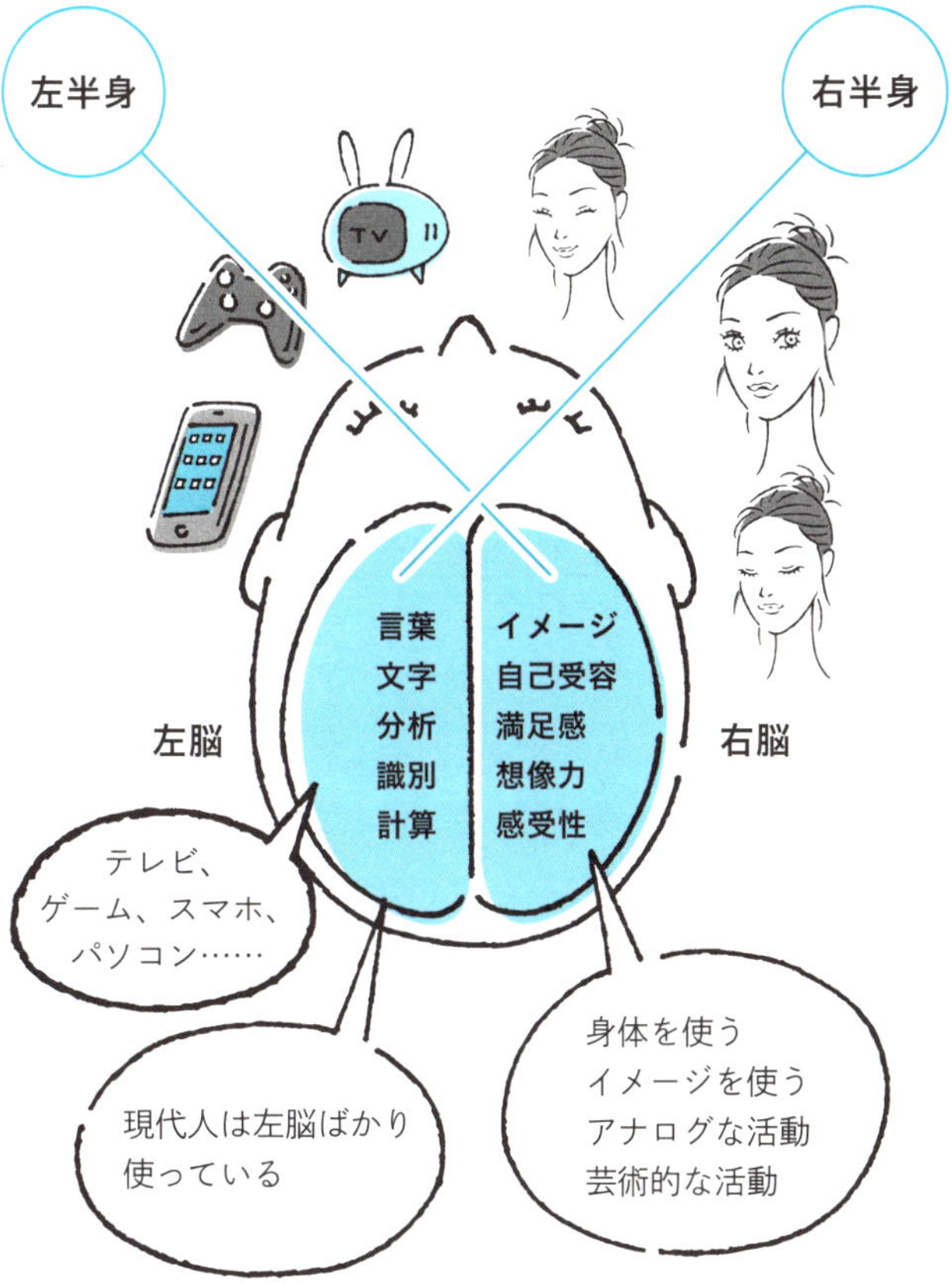

左脳偏重の毎日を過ごす私たちは、「現在・過去・未来」を「別のもの」と認識（識別は左脳の癖です）してしまいます。その結果、過去の失敗を未来で取り戻そうとしたり、過去を材料にして未来を予測したりするのです。過去や未来にとらわれて今を感じられないのでは、毎日がくすんで見えてしまいます。

不足しているものを求める、他者の顔色をうかがう、競争する、損得を判断して分析するなどは、左脳の特徴です。そのため、左脳の機能に偏ると、私たちはいろいろと求めすぎてつらくなってしまいます。

もちろん、左脳も大事なのですが、人間が健康に生きるためには、自己受容できる右脳を使うことでバランスをとることが大切です。このあとのワークで取り扱う「脱力」によって、脳幹が活性化すると、右脳も元気になります。

1日目〜10日目のワーク

脳がイキイキする10の習慣

第一ステージでは、脳をイキイキさせるために、睡眠に焦点をあてていきます。

私たちの脳は睡眠時に記憶の整理と細胞の修復をしています。これがうまくいかないと、頭の中は「ごみ屋敷」に。行動も心も整理がつかないままになってしまうのです。**毎日質の高い睡眠をとっていると、すべてがリセットされて、生きるエネルギーが生まれます。**

皆さん、食生活には非常に高い意識を向けているように感じますが、睡眠の質を上げようと意識している人は意外と少ないようです。寝る前にテレビを見ていたり、電気をつけたまま寝ていたり、一日中スマートフォンを見ていたり、お休みの日はついつい「寝すぎ」てしまったり。

このような生活をしていると、脳は常に疲労状態におかれてしまいます。脳が疲労していては、どんなに質の高い食生活をしていても、サプリメントで身体に栄養を入れたとしても、十分に吸収できず、体の外に排出されてしまうといわれています。

寝すぎる人は、睡眠時間が7時間半より少ない人より健康を害する、という研究結果もあります。また「二度寝」は脳のリズムを崩します。質のよい睡眠をとることは脳をしっかり休めてリセットさせること、そしてガソリンを入れることにもなります。「脳にガソリンを注入できるのは、質の高い睡眠」なのです。

この章のワークで叶えたいことは、質の高い睡眠をとることで、脳をリセットし活性化させることです。それによって、集中力、持続力、直感力が生まれます。そして、**質の高い睡眠を通じて脳がリセットされれば、身体も脱力することができます。**脱力には素晴らしい効果があります。心と身体のバランスをとり、偏った考え方、執着、緊張を減らしてくれます。

質の高い睡眠をとりましょう。この章ではそのためのワークを紹介していきます。

1日目

就寝3時間前の断食で疲労回復

「ファスティングをしましょう」と聞いて、これが断食のことだと知ると、少し大変なイメージをもつかもしれません。しかし私たちは、実は毎日ある決まった時間帯にファスティングをしているのです。それは夜、眠っている間です。朝食を「breakfast」（断食を破る）と書くのは、そのためです。

習慣にしてもらいたいのは、断食の時間をほんの少し長くすることです。

寝る前3時間の断食――これを日常の習慣にします。夜寝る前は、胃に物を入れません。時間は、就寝前3時間が最低ラインで、4～5時間前にすると、さらに胃腸と脳が休まり、脳が活性化します。

脳（脳幹）は私たちが寝ている間にも、内臓を動かすために、身体に指示を出しています。胃に物が入っていれば、消化のために脳は働き続けなければなりません。

ですから断食をすることで、胃腸をつかさどる脳が休まり、身体を休める働きをする「副交感神経」が優位になり、睡眠の質が上がるのです。この３時間のファスティングは、夜の習慣を見直すなかで、まず行ってください。慣れてきたら時々、夕食を抜くようにするといいでしょう。夕食を抜くと睡眠の質がさらにぐっと上がります。

トレーニングを行う上で大切なのは、やってみてどうだったかという「結果」より、やってみて何を感じたかという「プロセス」。実は、これがトレーニングを長続きさせるコツ、秘訣なのです。

私の生徒さんのなかでこれを実施した人は皆、「朝の目覚めが違うので、やめられない」と言います。これは、**睡眠の質が上がり、疲労回復度が高まってくるからです。**これだけで考え方に変化が生じたり、さまざまなことを受け入れる力が増したり、やる気が出たりと、いいことずくめだからです。

2日目

ストレスは「湯船」でデトックス

ストレス社会に生きる現代の私たちは、新しい習慣を取り入れることが苦手です。そして、悪い習慣を取り除くことは、もっと苦手。でも、ここは一つ、悪いところを変えるよりも、自分のよいところ、今ある能力を伸ばすことに力を注ぎましょう。悪いところはなかなか直せませんが、よいところは伸ばせるものです。

ワークも同じです。新しいことを始めるのは大変でも、今ある習慣にちょっとプラスしてできることなら、取り組みやすいものです。

皆さんは、湯船に浸かる習慣はあるでしょうか。湯船に浸かることは、ストレス解

湯船のストレッチ

1

腕を上に向かって伸ばし、反対の手は後ろに引く。10秒キープして、ストンと力を抜く。2～3回行う。

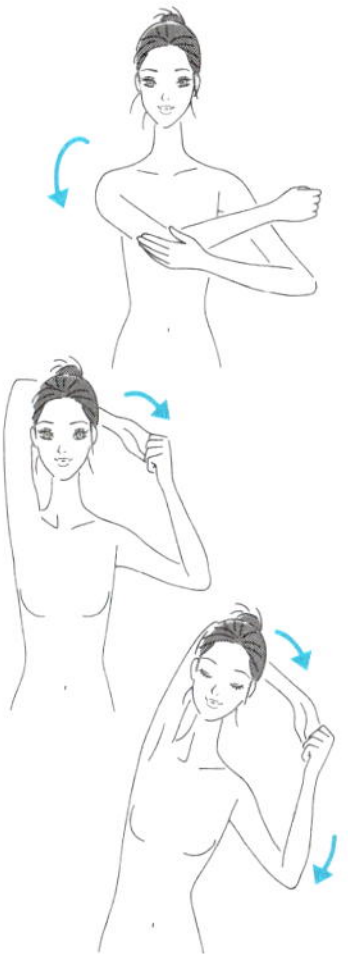

2

手を身体に沿うように持ってきて、肘を押すようにして肩をストレッチ。次に手を後ろに回し、反対から引っ張る。そのまま身体を横に倒す。それぞれ10秒ほどキープ。2～3回行う。

3

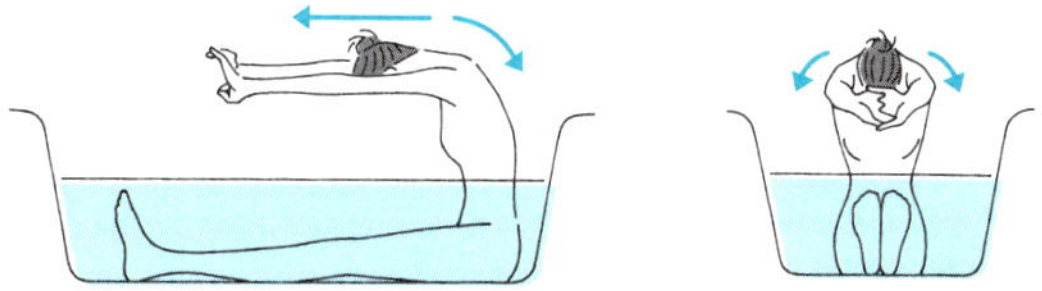

手を組んで前に出し、手を裏に返す。身体を前に倒しながら、腕を伸ばしていき、背中の筋肉をしっかり伸ばす。10秒ほどキープ。2～3回行う。

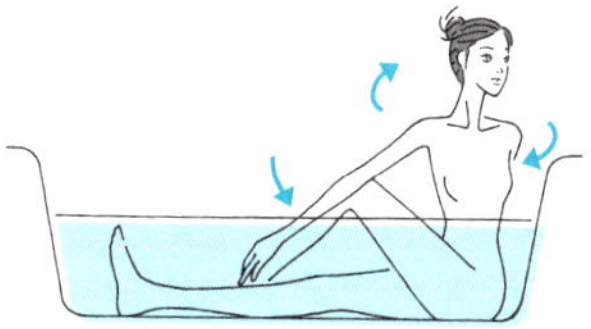

4

足を組んで、反対方向に腰を捻る。顔も腰と同じ方向に向ける。10秒ほどキープ。2～3回行う。

消にとても効果があります。脳の機能を活性化し、身体の脱力を促します。湯船に浸かりながらできることのなかで、自分なりにできることを探してみましょう。

ちなみに私が必ずするのは、歯磨きと、顔のパック、美顔器での肌のマッサージです。宝塚の受験生には、声楽の呼吸法の練習を勧めています。ストレッチもいいので、ここでは身体が弛緩してコリがとれ、とても楽になる湯船でできるものを紹介します。

湯船に浸かっての歯磨きには、美肌効果が期待できます。加齢とともに減っていく「パロチン」という美肌ホルモンが、身体を温めながらの歯磨きで口のなかを刺激することで、分泌されやすくなるからです。

パロチンは若返りホルモンと呼ばれ、全身の細胞の代謝をよくするので、歯や骨を丈夫にし、髪や肌を美しくし、さらにやせる効果も期待できるといわれています。赤ちゃんはよだれをたくさん出しますが、それはパロチンがたくさん分泌されている証拠。だから赤ちゃんの肌は、つるつるの美肌なのです。

歯磨きで唾液の分泌が促されれば、リラックス効果にもつながります。乗り物酔いをする方は、唾液の分泌を促すと、身体がリラックスして、酔いが少し楽になることもあります。唾液をたくさん出すことは、肌にも、心にもいいことなのです。

お風呂は自律神経の調整もしてくれます。自律神経は「交感神経」と「副交感神経」からなります。交感神経はクルマのアクセル。副交感神経はブレーキです。活動を始める朝はアクセルである交感神経に、夕方からはブレーキである副交感神経にうまく切り替われば、活動と休息がスムーズに行われ、体調を維持できます。

お風呂でぬるめの38度から39度くらいのお湯に胸まで浸かると、副交感神経を優位にすることができます。副交感神経は、体をリラックスさせる神経ですから、お風呂からあがったあと、質の高い睡眠に入れるようになります。

3日目

未来の自分を想像してから眠る

現代人は左脳に偏る生活をしていますが、「なりたい自分」をもっているあなたには、ぜひ、イメージをつかさどる右脳を活性化してほしいのです。「なりたい自分」を明確に視覚化することが、夢を叶えるためにはとても大切です。

ここでちょっと、なりたい自分を具体的にイメージしてみましょう。大切な日、あなたはどんな「素敵なあなた」になっているでしょうか。

何色のどんなデザインの服を着て、どんな髪型で、どんなバッグをもち、どんな靴を履いているか、姿勢はピシッと決まっているか、一つひとつイメージしていきます。

私は宝塚音楽学校の受験生当時、一緒に受験する友人たちと、「宝塚ごっこ」をよくしました。当時トップスターだった大地真央さんや黒木瞳さんの真似をして歌ったり踊ったり。それが楽しくて仕方がなかったことを覚えています。

この「宝塚ごっこ」をしながら、宝塚歌劇団の新人公演では主役をやって、本公演でもショーで歌い、組のなかでも4番手くらいにはなっていて……と、将来なりたい自分を具体的にイメージしていました。

今、このようになりたい自分の映像がはっきりと思い浮かばなかった方はとくに、眠る前に右脳を活性化させてから眠りについてください。そのために、寝る前の30分間、「楽しいこと」を考えます。未来の自分をイメージしてもいいですし、文章で表現してもいいでしょう。成功した自分を思い描く時間をもちましょう。

未来の自分を思い描けるようなものを眺めるのもいいですね。好きなスターの写真や、あこがれのモデルさんの詩集や写真集、画集やエッセイなどを眺めながら、楽しいことに思いを馳せましょう。

右脳を活性化させるために、就寝前の30分間は、パソコン、スマホ、テレビ、ゲームなどの左脳を使うものはやめたほうがいいでしょう。

4日目

ストレッチでよい睡眠をとる

ここでは身体の力を抜いて、よい睡眠をとるためのストレッチを紹介します。

このストレッチは、毎日すべての行程を行わなくても問題ありません。**部分的に行っても十分に効果があるので、無理のない範囲で習慣にするようにしてください。**

寝る前に限らず、腰の疲れを感じたときや、全身の疲れを感じたとき、だるいときなどにやるだけで、身体がとても楽になります。この「安らぎのコース」のほかに「目覚めのコース」があります。こちらは14日目の説明を参照してください。

安らぎのコース

1

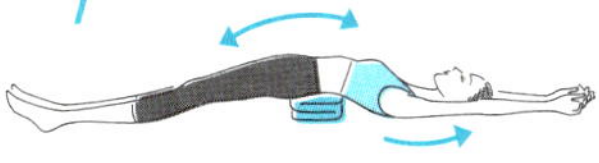

お尻に座ぶとんを三つ折りにして「高い枕」にしたものを当てる。この状態で60秒ほどリラックス。

2

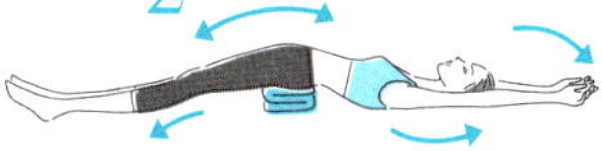

次は、座ぶとんの位置を腰に移す。同様に60秒程キープ。
腰の緊張を取り除き、疲労を解消することができる。

3

図のように息を吸いながら腰を持ち上げる。その状態で10秒キープしてから、息を吐きながら腰をストンと落とす。２～３回繰り返す。

4

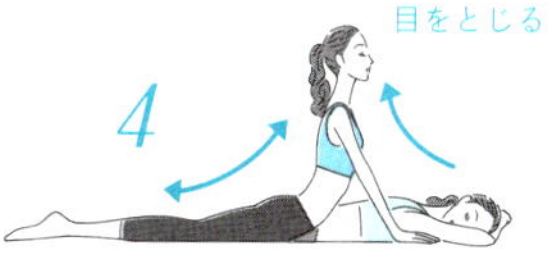

息を吸いながら状態を起こし、約10秒間キープ。息を吐きながら元に戻す。２～３回行う。

5

手を伸ばして正座をする。この状態で背中を良く伸ばす。10秒程伸ばした状態を保持したらゆるめて再度、伸ばす。２～３回行う。

6

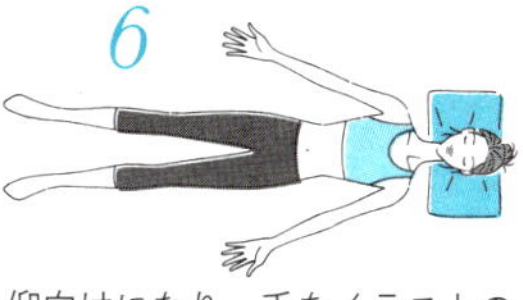

仰向けになり、手をイラストのように広げる。ゆっくりと呼吸する。

5日目

身体の力を抜く言葉を唱える

これは、寝る前に言葉を声に出して言うワークです。

フランスで活動した自己暗示法の創始者で、胎教の研究者でもあるエミール・クーエの言葉です。脳を休息させ、脱力を促し、身体の力が抜けていきます。

寝る前に唱えてみましょう。


「日に日に私は、あらゆる面でよくなっていく」

6日目

寝る姿勢で免疫力アップの睡眠を

お布団に入ったら、できるだけ身体を真っすぐ伸ばして寝ましょう。できれば仰向けで、両方の掌《てのひら》を上向きにすると身体の力が抜けやすくなります。

身体を真っすぐにして寝ると、自然治癒力が高まり、免疫力が上がります。

もしこの状態がつらく感じるようでしたら、筋肉のどこかが緊張を起こしている証拠です。その場合は、息をたくさん吐いてください。深い呼吸は身体の緊張をゆるめ、寝つきをよくしてくれます。眉間に皺が寄っていないか、歯を噛み締めていないか、注意しましょう。

室内での寝る場所を決め、寝具を整えることも大切です。その昔、ある人が病を治すために、動物が寝ている場所を見つけて、そこに病人を寝かせたという話がありました。これは、動物には自然の力の豊かな場所を感知する能力があるからです。「気」がよい場所、ということかもしれません。

わが家では、トイプードルの「ひーくん」がいつもリビングのいちばん日当たりのよいところで寝ています。飼い主の私も、本来はリビングを寝室にしたほうがいいのかもしれませんね。

寝具や枕カバーを頻繁に洗濯したり、お気に入りのものに変えたりすることも、免疫力アップにはとても効果的です。人間、1日の3分の1は布団のなかで過ごすのですから、できるだけ好きなものに囲まれて眠りましょう。

7日目

大好きな香りで「脳のご機嫌」をとろう

昨日まで6つのことに挑戦してきましたが、少しずつ続いているでしょうか。今、あなたは何を感じていますか。楽しんでいますか。変わりつつある自分に、ワクワクしていますか。

奇蹟は継続のなかでしか起きません。「継続は力なり」です。「なりたい自分」に近づくためには、今のこの瞬間が、ワクワク、キラキラときめいていて、楽しくあることが大切です。他人任せでやるのではなく、自分で決めて実行しましょう。

夜のワークを通じてぐっすりと眠り、すっきりと起きられるようになれば、日常はイキイキと輝いてきます。そんな自分を感じることができれば、きっとワークも続けられるはずです。

7日目の今日は、香りに注目します。香りでリラックスできることは皆さんもよくご存知だと思いますが、そこにはちゃんとした理由があるのです。

お気に入りの香りは、脳のなかでも「嗅脳」とも呼ばれる「大脳辺縁系」に作用します。大脳辺縁系は、私たちの「感情や本能」をつかさどる部分。そのため、**イライラしたり、モヤモヤしたりしたときに、好きな香りをかぐと、大脳辺縁系がリラックスしてくれます。**

大脳辺縁系は「たくましさ」もつかさどっています。私たちの人生は理屈どおりにはいきません。それを「なんとかなる」「大丈夫」「きっとうまくいく」と考えてくれるのが大脳辺縁系です。

大脳辺縁系の応援があるから、私たちは夢に向かっていけるのです。ですから、大脳辺縁系の機嫌を損ねないように、いい香りで満たしてあげましょう。

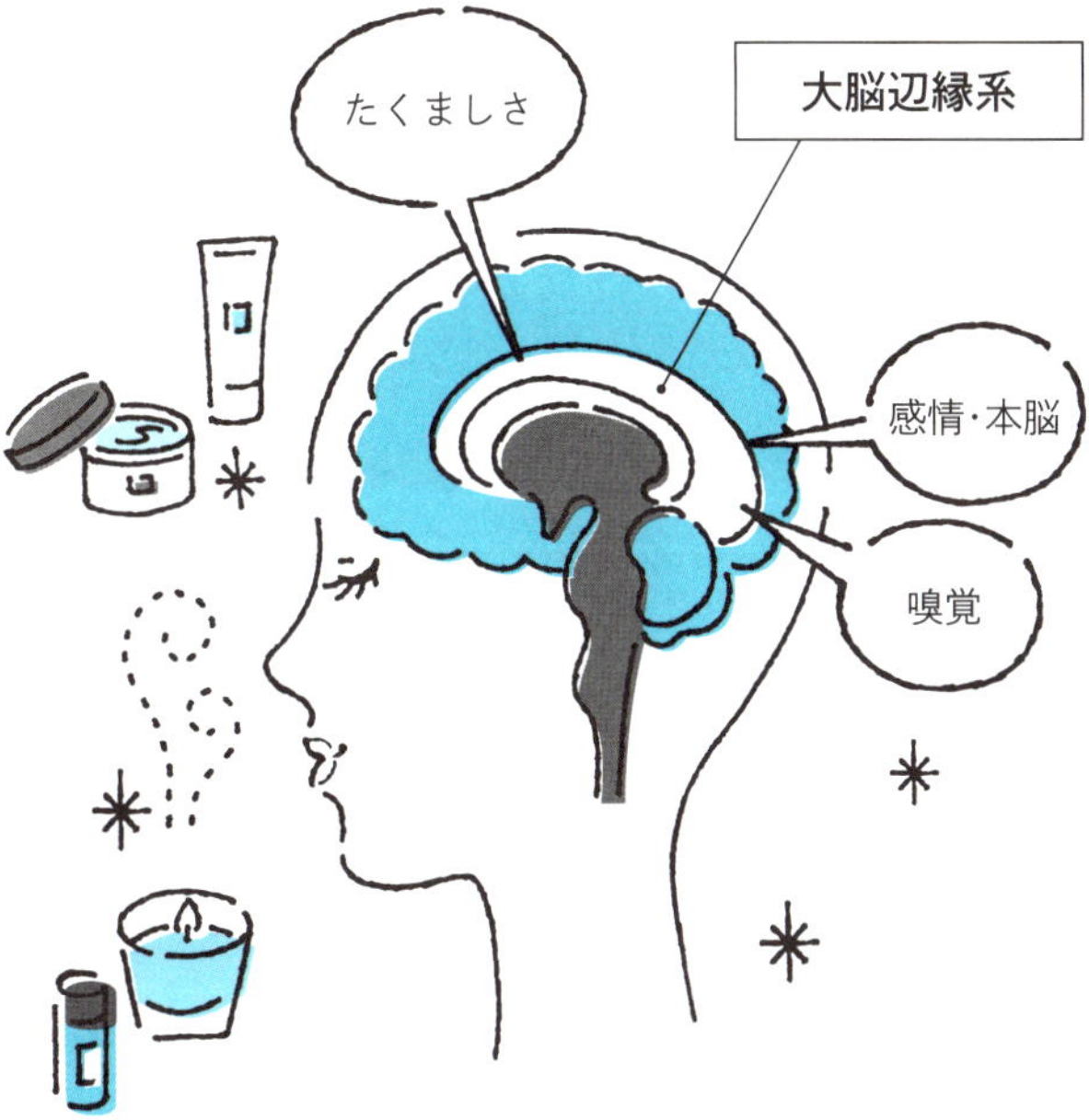

感情・本脳と嗅覚は同じ「大脳辺縁系」が扱うので、好きな香りはこの部分の脳をリラックスさせてくれる。

実は私は、アロマの香りが苦手です。自分でも、「身体によいものでできているから、好きな香りはアロマから選ばなくてはならない」とヘンな条件づけをしていることに気づいて、はっとしました。脳をリラックスさせる香りは、アロマでなくてもいいのです。

以前から、私の気持ちを上げてくれていたのは、Woods of Windsor の「Forget me Not」という香水でしたが、いつのころからか日本では手に入らなくなってしまいました。でもある時、すごいことに気がついたのです。その香りは、「花王の石けん」と同じだったのです。ですから今は、お風呂にもタオルの棚にも洋服ダンスにも、家の至るところに花王の石けんを置いています。

人は、よい香りのある場所を汚せないといいます。たしかに、一流ホテルでは、場所に合わせた香りに、非常に気をつかっています。きれいに保ちたい場所はとくに、よい香りを充満させてください。

自分の好きな香りを選んで、お風呂にオイルをたらしたり、寝る前にキャンドルを灯したり、ボディークリームを全身にまとったりしてマッサージをしながら「今日も1日ありがとう」と、自分の身体に声をかけてみるのもいいですね。

8日目

仕事でクタクタなときこそ「一駅のお散歩」

1日中仕事をしてクタクタになったとき、家に真っすぐ帰ってそのまま寝るよりも、散歩をしてから帰ったほうが、翌日の疲労解消度が50パーセントも違うという研究結果があります。これをセーチェノフ効果といいます。

家の最寄りの駅より一つ手前の駅で降りて、散歩をしながら、いつもは見ない風景を眺めながら帰ってみる。行ってみたかったカフェに寄ってみる。少し遠回りして公園を歩いてみるなど、散歩をしてから帰りましょう。局部疲労が全身に分散されるため、翌日に疲れを残しません。

9日目

怒りのエネルギーは呼吸で解消

私たちの身体は、怒りのエネルギーを感じると、筋肉が硬直します。逆に筋肉の硬直を取り除くことができれば、怒りのエネルギーは弱まります。

まず、鼻から息を吸いながら両肩を両耳に近づけるように、グーッと上げます。このとき、手をギュッと握るとさらに効果的です。顔の筋肉にも力を入れ、ギュッと目をつぶり、顔のパーツを中心に寄せるようにします。そのまましばらく止めたあと、口から一気に息を吐いて、全身の力を抜きます。この動作を、できれば10回くらい繰り返します。怒りのエネルギーが弱まっているのを、感じられると思います。

怒りのエネルギーを解消するストレッチ

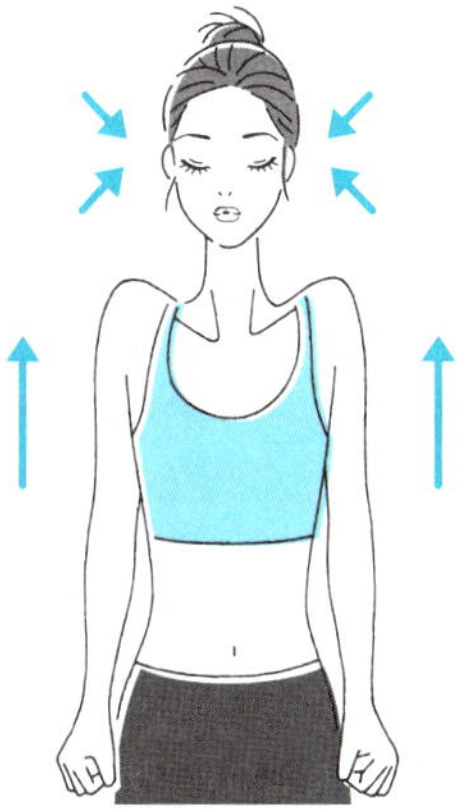

1

鼻から息を吸いながら 肩を耳に近づけるように、グゥ～っと上げる。
その時に手をギュッと握り、目を閉じて顔のパーツを中心に寄せる。

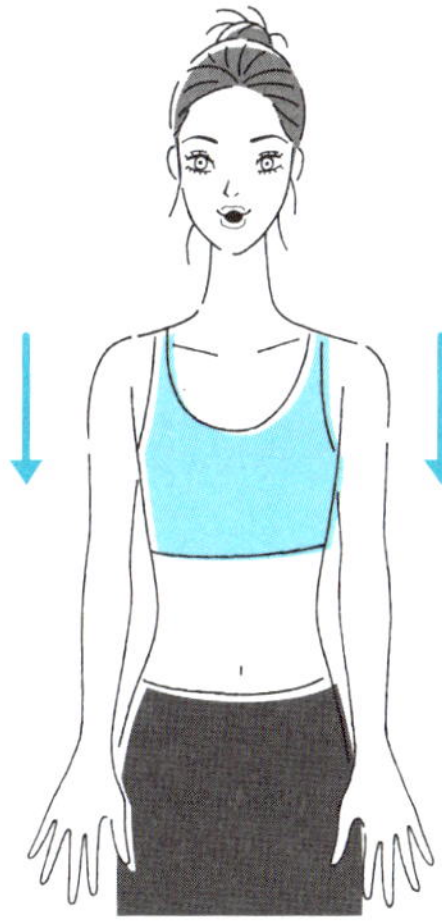

2

しばらくキープしてから、一気に口から息を吐き、全身の力を抜く。
10回ほど繰り返す。

10日目

よい運気は「綺麗な靴」が連れてくる

ワークを始めてから、夜の習慣を変えて睡眠の質を上げ、身体と脳をイキイキさせることに取り組んできました。

続けている方は、朝の目覚めがよかったり、毎日がエネルギッシュになったりしているのではないでしょうか。身体が快調だと、それだけで明日の自分に根拠のない自信がもてたり、未来にワクワクしたりと、幸せな気分になるものです。さまざまな変化を感じていると思います。

今日は、明日への準備をしてから眠りにつきましょう。

注目するのは靴です。
あなたのシューズボックスには、履かない靴が眠っていませんか。風水の世界では、使っていないものには悪い気が宿ると言われています。もし、履かない靴が山積みになってクローゼットやシューズボックスに押し込まれているとしたら、運から見放されてしまうかもしれません。

毎日履く靴はよいものを用意し、綺麗に磨きましょう。よそ行きの靴にはお金をかけるけれど、毎日履く靴はボロボロという方もいるかもしれませんが、それでは「今はどうでもいい！」と言っているようなものです。

私のずっと変わらない靴のお気に入りブランドは、「クリスチャン・ルブタン」です。パーティなどではすこし華やかな色、例えば赤とか金、ピンクベージュの靴を多く履きました。宝塚にいたころは男役でしたので、「ＹＯＳＵＫＥ」、「スケッチャーズ」というブランドのブーツばかり履いていました。男役や女優時代は、総じて華やかな物が多かったです。イベントなど何もないのに、「今日はパーティ？」と聞かれるほど、派手な靴を履いていました。

カウンセラーになってからは、華美なものは控えるようになりました。これはメイクも服も同様で、清潔感を大事にしたいのと、「仕事中」のモードになるためです。でも、全体の美的バランスを考えて、ヒールの高さはいつも10センチ以上にしています。カウンセラーの私は、「ダイアナ」や、「かねまつ」を愛用しています。色はベージュか黒です。

「私は、良い靴を履くような生活がしたい」と思う方は、それを日常でやってみましょう。病院に勤務し、自宅の玄関をいつも綺麗にしている方が言っていました。**「靴とそのもち主を見ていると、運のよい人は必ずと言っていいほど、よい靴を綺麗に磨いて履いている」**と。

今履いている靴が高価なものでなくても、今夜は磨いてから眠りにつきましょう。靴に「今」を表現するわけです。

第2章

今日が輝けば未来も輝く

日常の「冴え」が本番を左右する

成功像を先取りして「演じて」みよう

10日間のワークを終えて、少しずつ変化を感じている方もいると思います。勝負の日に輝くために大切なのは、今日、この時。**日常を輝かせることができれば、その延長線上にある勝負の日も、同じように輝いた自分で迎えることができるということです。**

そのような輝いた自分になるために、第2章では日常生活に対する考え方を変えます。これから述べる方法はまだ一般的ではないので、実践できれば、あなたはきっと、周りの人よりずっと輝く自分を手に入れることができるでしょう。

その方法とは、日常生活を「目標や夢を達成した自分」で過ごすことです。

目標を達成した自分が、「今、ここにいる」として生活をするのです。モデルになりたいのであれば、モデルとして今日から日常生活を送ります。弁護士になりたいのであれば、弁護士として過ごすのです。つまり「演じながら暮らす」ということです。なんだか楽しそうでしょ。

先日、宝塚受験のクラスでレッスンしていたときに、こんなことがありました。レッスンのテーマは「歩き方」。受験生たちがきれいに歩こうとしているのはわかるのですが、みんな似たり寄ったりの歩き方で、イマイチぱっとしません。そこで、

「ねえみんな、なんの舞台のどの場面で、どういう衣装を着ているか、考えて歩いている？」

と聞くと、受験生たちははっとした顔をしています。

「好きな舞台の好きな場面があるでしょ。好きなスターさんがいるでしょ。そのスターさんになりきって歩くの。さあ、やり直し！」

この言葉で、生徒たちの歩き方が急に変わりました。一目見て、この子は男役の戦士、この子は女役のプリンセス、この子は男役でも悪役と、歩き方一つをとっても、「演じる」ことでまったく違ったものになります。

この方法を、日常生活に持ち込めばいいのです。

このように「演じて過ごす」ことは、勝負の日に輝くための下準備となります。毎日「夢が叶った自分」として過ごしていれば、本番当日も「夢を達成しキラキラした自分」でいることができるのです。

ジャージを卒業すればCAになれる!?

あなたが例えば航空会社のCA（キャビンアテンダント）になりたいのなら、どんな制服を着て、どんな靴を履いているのか、できるだけ具体的にイメージします。「JALとANAでは、格好が違うのかな」と、入りたい航空会社の制服からイメージするのもいいでしょう。まずは、形からです。できれば、他人から見て、何をやっている人なのかがすぐにわかるくらい、自分を表現するようにしてください。

高価なものは買えないかもしれませんが、似たようなテイストに統一することはできるはずです。CAは髪型も、明らかにそれとわかるようなまとめ方をしているので、真似てみます。

「今はCAではないから、ジャージでいい」という人は、「今の自分」と「未来の自分」

を無意識のうちに切り離しているのです。**「今の自分」も「未来の自分」も、つながった同じ自分。「別人」として暮らしていたのでは、いつまでたっても「未来のなりたい自分」にはなれません。**

ですから、「未来のなりたい自分」に、今、なるのです。

「理想の顔」は日常メイクの積み重ねしだい

今の職場にはＣＡのような格好では行けない、ということもあるでしょう。その時は、メイクで自分を表現してみましょう。メイクをちょっと変えるだけで「なりたい自分」に見せることができるのですから、女性は得ですね。

六本木に「ものまねエンターテイメントハウスＳＴＡＲ」という、食事をしながらスターのものまねショーが楽しめるショーパブがあります。そこに出てくる皆さんは、スターの人たちに本当にそっくり。スター本人に見えるためのメイク、表情づくりが完璧です。「もともと顔が似ているんだよね」と言いたくなるほど、そっくりです。

でも、素顔はまったくの別人。毎日、本人になりきって演じているから、どんどん似てきてしまうのです。だから皆さんも、毎日、「なりたい自分」に見えるメイクを徹底的に研究してみてください。

メイクがあまり好きでない方は、まずメイク道具を見に行ったり、デパートの化粧品売り場で直接相談してみたりするのもいいでしょう。具体的に「今度、○○の試験があるので、そのためのメイクを教えてください」と言えば、あっという間に10種類くらいの化粧品を勧められ、メイクの仕方も教えてくれます。


私は宝塚にいたとき、実はメイクが苦手でした。私の顔は目や鼻、口などのパーツが中心に寄っていて、宝塚メイクが全然似合わないのです。宝塚メイクは舞台化粧なので、パーツが離れていて、素顔だとちょっとぼやけて見えるくらいの人のほうが向いています。ですから、そうでない私は、必死で研究をしました。

宝塚メイクが似合う人の場合、離れた目と目の間に濃いメイクを描いておけば、目が大きく、顔がはっきり見えます。でも、もともと顔の造作のはっきりしている人や、真ん中にパーツが寄っている人は、目の間に描くスペースがありません。かといって目の外側に描くと、ひどく寄り目に見えてしまいます。そこで私は、目の内側の狭い部分にもメイクを描く技を磨いたのです。

毎日毎日顔を触っていると、不思議なもので、自分の顔やメイクが好きになります。そのうちに、頬の余分な肉も、邪魔で仕方がなかった目の上の脂肪もどんどん削ぎ落とされ、理想のメイクができるようになったのです。毎日顔を触るのって、とても大事なことなのです。

未来の自分に近づけていく

「未来の自分」を演じきるつもりで

外見だけではありません。今のバイトや仕事も、「未来の自分」になって行うようにします。

例えばコンビニでのバイトで、「ＣＡのように」お客様に接してみる。コンビニのバイトとＣＡの仕事は、一見かけ離れているように見えるかもしれませんが、実は同じ接客業。ＣＡのようにできることはたくさんあります。「ＣＡだったら、お客様に品物をもっとていねいに渡すかな？　もっと笑顔で接するかな？」と考えて接客したら、バイトもきっと楽しくなるでしょう。

ＣＡのように働いていると、言葉遣いも変わってきます。例えば、ＣＡは「よろしかったですか？」なんて言いません。だとすれば、ＣＡになったときに恥をかかないように、今日から言葉遣いに注意しなければなりませんね。

このように未来の仕事を今に投影させることで、外見だけでなく行動でも未来の自分にぐっと近づけていくのです。


こうした「なりきり」も、最初は違和感があるでしょう。演じていること自体が恥ずかしく思えるかもしれません。これは、未来の自分と今の自分にまだギャップがあるからです。

でも、こうした一連の動作は、日常的に演じていくことでだんだん自分らしく身についてくるものなので、気にせずに続けていくことです。そうすることで自然に、例えば「ＣＡっぽい」「モデルっぽい」「資生堂の社員っぽい」雰囲気になってきます。

企業などの面接試験を受けるとき、この雰囲気が、とても重要視されます。

「未来のなりたい自分」として、今を生活できるようになれば、もう夢は叶ったのも同然です。**勝負の日だって、「夢が叶った自分」として迎えることができます。すごいことですよね。**

試験会場へ「何度も」足を運んでおく

試験やオーディションを受ける際、会場がどこかがわかっているのなら、勝負の日の前に、必ず行ってみてください。しかも、一度と言わず何度でも。できることなら、毎日試験会場に行って勉強するくらいの勢いで臨んでもらいたいものです。

私もストレスケア・カウンセラーの試験の前には、試験会場となるビルの部屋で、試験開始時間に合わせて毎日模擬試験の問題集に取り組んでいました。おかげで、本番は全然緊張しませんでした。練習と本番の違いは、試験官とほかの受験生がいることくらいでした。

皆さんのトライがもし大学受験なのであれば、試験前に、大学構内に入ってみることをお勧めします。たったそれだけでも、そこで過ごす未来の自分が想像できて、とてもプラスになるはずです。また、入れるところなら学生食堂でもいいので、そこで模擬試験の問題を解いてみます。そうやって、特別な日を今の日常に引き寄せることで、当日の緊張感はかなり和らぎます。

地方から東京の大学を受けに来る受験生は、1日でも早く東京に行って「場の空気」になじんだほうがいいと思います。なぜなら、会場だけでなく「東京の空気」に圧倒されてしまうことがあるからです。

私も宝塚を退団して東京に戻ったとき、人の歩く速さについてゆけず、気持ちが萎縮してしまったことがあります。私の歩きが遅かったせいか、後ろから来る人にどんどんぶつかられてしまい、気持ちがずいぶん落ち込んだことがありました。

東京の空気にのみ込まれて自分の力を発揮できないのは、もったいないことです。周りの環境に左右されずに、いかに態勢を整えられるかを考えるのは、勉強に取り組むのと同じくらい大切です。

面接会場で「自分のオーラ」をスタンプ！

オーディションや面接など、とくに緊張が高まる「勝負の日」を控えている人は、

事前に必ず受験会場に行って、できるだけなかに入りましょう。入れるところまで入って、建物を触って、自分のオーラと会場のオーラを混ぜる、つまり、会場に自分をなじませておくのです。また、エレベーターの位置やトイレの場所、実際の会場の様子などを確かめることができれば万全です。

会場のなかに入れない場合は、建物の外の壁でもいいので、触っておきましょう。それだけで当日の安心感がまったく違ってきます。

当日は、一番で会場に入って、ほかの人が来る前にそこを自分のオーラで満たします。これは緊張をほぐすコツでもあります。

私も劇団四季のオーディションを受けたときには、試験会場に一番乗りして、あらゆるところをペタペタと触っておきました。本番では声がひっくり返る場面もありましたが、自分でも驚くくらい落ち着いていられました。それが合格につながったのだと思います。

「特別を日常に」して緊張からの解放を

面接やオーディションなどは、その日1日しかないため、どうしても特別な日になってしまいます。しかし、**会場を自分の生活圏のなかに入れられれば、それは日常になります。**自分の夢の仕事モードで毎日を過ごし、本番の会場も自分の生活のルーティンに組み込んでしまう。

そうすれば、毎日、学校や仕事場に行くのと同じように、当たり前のようにやることの一つとして試験があるのですから、会場で緊張しすぎるということはありません。

特別な日だからこそ、「自分の日常」にする。これはとても有効な方法です。

失敗した自分を思い切りほめる

自分をほめるほど行動できるようになる

皆さんは、自分のことをどれだけほめていますか。まったくほめていない方がほとんどなのではないでしょうか。私から見ると、びっくりするくらい自分に厳しい方が多いようです。

ですから、あえて、**「自分をほめるための時間」をつくることをお勧めします。**お風呂のなかでも自分の部屋でも、入ったらすぐに自分をほめてあげる。タイミングや場所を決めておくと、習慣になりやすいものです。

主婦の人なら、冷蔵庫の前に立ったら「家族のために料理をしている私って、すごい」とほめてみる。さらに、冷蔵庫の掃除をしたり、賞味期限切れのものを見つけたりするごとに自分をほめてみる。そんなことでいいのです。そうした小さなことを重ねることで、自分をほめることに慣れてくると、他人のこともほめられるようになります。なぜなら「長所」を見つけることが上手になるからです。

「物は言いよう」という言葉がありますが、見る角度を変えたり発想の転換をしたりすることで、一見短所に見える部分であっても、よいところを見つけられるようになるものです。

どのようにほめられると自分が「上がる」か研究していると、他者を観察する力も上がり、その人にあった声かけができるようになります。けなされて伸びる人はいません。ほめられると、誰だってもっとがんばれるものです。自分をほめることで、その影響が周りにも広がっていきます。

短所は直らない、長所を伸ばして

私は教室の受験生にも、この「ほめる」やり方を取り入れたワークを行っています。

生徒たちにはいつもこう言っています。

「今日のレッスンの90分を振り返って、自分をほめてあげられることを考えて、そこを伸ばしていくように心がけてね」

レッスンをしていて常に思うのは、「長所は伸びるけど、短所は直らない」ということ。子育て中のお母さん方にこの話をすると、皆さん頷いてくれます。ですから、短所が目立たなくなるくらい、長所を伸ばしてしまえばいいのです。このほうが、子どもを育てるのにもずっと効果的です。

ほめるのは、どんな些細なことでもいいのです。例えば朝、目覚ましできちんと起きられた、嫌いな職場の上司にも、笑顔を向けられたといったことでも十分なのです。

「失敗してありがとう」を口に出す

なかでも私が勧めているのは、失敗した自分をほめること。これは長所伸ばしに最高に効果があると思います。

「よく失敗してくれたね、ありがとう。勉強になったよ」

こんなふうに声に出してみるのもいいでしょう。

自分のネガティブなところをほめることは、最初は難しいものです。でも、できるようになれば、真のほめ上手になった証拠。失敗で落ち込むこともなくなります。46ページの「よかった探し」をしながら、失敗した自分を大いにほめてあげましょう。

「否定ジャッジ」で１日を振り返らない

その日の出来事を振り返るとき、私たちは必ず物事をジャッジ（判定）します。その結果、どうしても自分を否定することが多くなってしまいます。ですから、もし否定の言葉が頭に浮かんできたら、プラスの考え方に変換してみるのです。

「歌のレッスンで声がでなかった……でも、最後まで歌いきったよね」

「模擬試験の結果が悪かった……だけど、これで自分の苦手がわかった」

「悪いところばかりに目がいってしまった……でも、それに気づけたんだよね」

大それたことはしなくていいのです。続けていれば、思考パターンが変わります。

謝罪より感謝を習慣にする

「ありがとう」に不思議パワーが宿る

先日、こんなことがありました。

私が主催するディナーショーを開くことになり、ゲストに宝塚時代の仲間たち6人を招いたときのことです。軽くお芝居をしてもらうことになっていたのですが、台本を渡すとRさんが、「え〜、使いにくい。この台本、左開きだよ」と言いました。

台本は、一般的に、縦書きなので右開きです。お芝居にとてもこだわりのあるRさんは、疲れているせいもあってか、どうしても許せないといった様子でご立腹です。

そのとき、この台本をつくってくれたMさんがすぐに言いました。

「あ、そうか。ありがとう。直してくるね！」

その瞬間、怒っていたはずのＲさんの怒りが静まりました。

それは、なぜでしょうか。

「ありがとう」という言葉には、不思議なパワーがあるものです。普通こういう場面では「あ、ごめんなさい」という謝罪の言葉が出てくるのが当たり前だと思います。でも、Ｍさんの「ありがとう！」には、それ以上の何かがあったのです。

「ありがとう」言った数で人間関係は変わる

「ごめんなさい」という謝罪の言葉も、もちろん大切な言葉ではあるのですが、このケースの場合、Ｒさんが「怒っている」のを認めたことになってしまうのです。「怒っていますよね、ごめんなさい」という感じです。

一方、「ありがとう」と言えば、「よい情報を教えてくれて、ありがとう」という意味になり、Ｒさんはクレームを投げかけたのではなく、「情報を与えた」ことになるのです。

ここでは、受け取る側が、相手を悪者にしなかったことで、結果的に大きな違いを生み出しました。つまり、MさんはRさんが「怒っている」という「感情」を受け取らずに、「台本は右開き」という「情報」だけを受け取ったのです。相手の言葉から純粋に「情報」だけを受け取ったことで、「場面転換」を起こしたのです。

私もMさんを見習って、この思考の転換をしてみたことがあります。

とあるビルの休憩室の片隅で、その時かかってきた電話に出ていたときのことです。最初は小さな声で話していたのですが、話の流れのなかで思わず大きな声で笑ってしまいました。すると、初老の男性がすぐに飛んできて、眉間に皺を寄せながら「シッ！」と言いました。そのときの表情が般若のようだったので、私にも緊張が走り、とりあえずは喋りながら会釈をしました。

電話が終わり、「さて、謝らなきゃ」と思い、まずはひと呼吸おいてみました。そのとき、Mさんの「ありがとう」を思い出したのです。そこで思い切って、初老の男性に、「先ほどは教えてくださって、ありがとうございました」と言ったのです。

するとその男性は、一瞬きょとんとしてから、「みんな、静かにしているからね」と優しく返事をしてくれました。さっきの般若のような表情は、どこへ行ってしまったのかと思える対応でした。

毎日できるだけたくさん「ありがとう」を言えるといいですね。何回言えたかを数えてみると、さらに「ありがとう」の数が増えます。こんなちょっとした思考の変換で、人間関係は大きく変わっていくものです。

オン・オフモードは「服装」で切り替え

私たちの生活は、どこからが「オン」で、どこからが「オフ」なのでしょうか。毎日の生活のなかで、メリハリをつけることはとても大切です。それは、あなたの身体を疲れにくくしてくれるからです。仕事も休みも境目がなく、なんとなくダラダラ過ごしているのでは、頭も身体も疲れてしまいます。

オンとオフの切り替えには、服がスイッチになってくれます。

「この服を着たら勉強をする」「この下着をつけたらレッスンモードに」と、行動によって着る服を決めておけば、生活にメリハリもつき、おしゃれもできます。なによりそうすることで、自分も楽しいはずです。

家にいるからといって、どうでもいい格好をしていては、それこそダラダラ生活の温床となってしまいます。**普段着こそ、お気に入りのワクワクするものを選びましょう。**たまには高価なものに身を包んでみて、その高級感を楽しむのもいいでしょう。どんなものを身につけると、どんな気分になるのか、知っておくといいですね。

先日カウンセリングに来た社長さんにもこのアドバイスをしました。

「どこでもできる仕事なので、オンとオフの切り替えに困っています。ハッと気づくと、休むのを忘れています」

とてもおしゃれな社長さんだったので、洋服でオンとオフを切り替えることをお勧めすると、「さっそく帰りに店に寄って、洋服を見てみます」とワクワクしながら帰っていきました。

そうです。このワクワクが大切なのです。「今」を楽しくワクワク過ごしていれば、将来の「なりたいあなた」は間違いなく、ワクワクの人生を歩んでいるはずです。

お気に入りに囲まれる幸せを満喫

散らかった机では仕事をしない

洋服やアクセサリーには気をつかっているのに、家のなかはグチャグチャという方は多いと思います。

でも、散らかった部屋にいると、私たちはリラックスすることができません。イライラしたり、心が落ち着かなかったりするときに掃除をすると、頭がスッキリするのはそのためです。

もし家やオフィスの机の上が散らかっているのなら、そのまま仕事や用事をしようとはせずに、まずは片づけることから始めてみましょう。忙しいときは時間の無駄遣いのように感じられても、まずはそこから始めてみる。すると、結果的に仕事が効率的に早く終わったりするものなのです。

物を整理して「人生にカタをつける」

持ち物には不思議なスイッチが宿るものです。それを身につけると、どうもイライラするとか、悲しくなる、違和感をもつ、といった場合は、いやな体験をしたときに身につけていたものだったりすることが多いのです。脳がそのことに気がついて、反応しているのですね。

私にも、そんな経験があります。それは大のお気に入りで、薄いグレーの地にヨーロッパの美術館にあるような絵画が白で描かれているセーターでした。

あるとき私は、恋人と喧嘩をした日はいつもそのセーターを着ていることに気がついてしまいました。それからセーターの着心地がなんとなく悪いと感じるようになり、それを友人に話したところ、「私が欲しい」と言ってくれたので、引き取ってもらいました。でも、そのあと友人もなんとなく着心地が悪く、結局捨てたそうです。今となっては捨ててもらってよかったと思っています。

また、とある方とおつきあいしていたとき、マフラーをプレゼントしてもらったことがありました。その人とはあまりよい関係になれず、別れたくても別れられず、悩んでいました。そんなとき友人に、「そのマフラー、まるで彼に蛇のように巻きつかれているみたいに見えるよ」と言われたのです。

その友人は、「捨てられないだろうから、預かってあげる」と言って、マフラーを家から持ち出してくれました。その後ほどなくして、彼との縁は切れ、新しい縁に恵まれました。

日々心地よいと感じられることが、今の、未来の、イキイキした自分をつくり出します。ぜひ、**身の回りの持ち物の整理をして、自分にとって心地よいもの、ときめくもの、好きなものだけに囲まれるようにしてください。**

片づけコンサルタントの近藤麻理恵さんの『人生がときめく片づけの魔法』（サンマーク出版）は、私の大好きな一冊です。今や世界にその片づけの極意を教える「こんまりさん」の著書を、私は教室の生徒さんや相談にみえる方々にお勧めしています。

そのなかにある、「ときめくものに囲まれて生活する」というフレーズのように、一つひとつの物を手にとって、ときめくかそうでないかを確認しながら身の回りを整理していくといいと思います。

もちろん、絶対着ないのにときめく服もあるかもしれません。

私の場合、それは舞台衣装でした。今は芸能活動を休止しているので着ないのですが、好きな衣装はなかなか捨てられませんでした。でも、私はあえて、ときめくけれど、着ない舞台衣裳も処分しました。「今はもう舞台衣装は必要ない」と思える自分になれたことがとてもうれしく、一つの時代に区切りを付けられたように感じたものです。

持ち物の整理、それは「自分の人生に片をつける」ことにもなるのです。

苦手なことも「お気に入りの集合」で克服！

とくに苦手なことをする場所が雑然としていると、やる気はますます失われてしまいます。例えば、デスクワークが苦手なら（何を隠そう私もです。じっと机に座っていることが大の苦手なのです）、デスク回りを楽しい空間にアレンジしてみるといいでしょう。

また、机の上にパワースポットをつくってもいいし、お気に入りのキャラクターで文具をそろえてもいい。海の写真やリゾート風にアレンジするのもいいですね。私のやる気を引き出しのは、「ベルサイユ宮殿風」です。お料理に苦手意識があるのなら、キッチンツールのカラーをそろえたりしても素敵ですね。奮発してル・クルーゼを買ってみたりするのもいいでしょう。

苦手な場所をお気に入りで満たすために、ちょっとした贅沢をするのはいいことです。外見だけでなく自分を取り巻く環境も、この機会に変えていけるといいですね。

「朝のバラ風呂」で早起きができる

私は机に向かうのが苦手なので、筋トレをしたり、ストレッチをしたりと、身体を動かしながら机に向かって勉強をしています。ほかにも、苦手なことをするときは、お掃除や大股で歩きながらすることもあります。

余談ですが、大股で歩きながら暗記すると、普段の10倍の量を覚えられるそうです。そう考えると、薪《まき》をかついで仕事をしながらも勉強をした二宮金次郎の姿にも、納得できますね。

私の場合、机に向かうのは30分が限界なのですが、30分がんばって勉強したら、趣味のアクセサリーづくりを少しの間やるなど、机に向かうのが楽しくなるようなご褒美を用意しておくのも、集中するための秘訣です。**どうしたら機嫌よく勉強してくれるのか、あの手この手を使って客観的に自分を持ち上げてみるのです。**

私は昔から集中力がなくて勉強が苦手な上に、わがままなので、自分にはずいぶんてこずってきました。でも、それを克服するためのワクワクするような方法を考えるのは、とても楽しいものです。その方法をカウンセリングの現場でアドバイスすると、皆さんが喜んでやってくれるので、こんな自分にも意味があるなと感じています。

例えば私は、朝きちんと起きることがずっと苦手だったので、その克服法を知っています。それは、とにかく朝起きたら、楽しいことが待っているようにしておくことです。

私は次のことで、気持ちが上がり、早起きが楽しくなりました。

・朝食を思いきり豪華にする。
・とびきりおしゃれなコーディネートを用意しておく。
・朝のお風呂にバラを浮かべて豪華なロウソクを灯すなど、女王様の気分になれるようにしておく。
・普段したくてもできないことを、思い切って朝やる。
・夜食べたら太りそうなスイーツを朝から思い切り食べる。
・早起きして恋人に電話をする（恋人にも早起きしてもらう必要がありますね）。
・新調した靴を玄関に揃えておく。
・朝早くから開店しているお気に入りのカフェに行って、好きなことをする。
・本をゆっくり読む。
・日記を書く。

これらを繰り返していくうちに、このように自分にサービスをしなくても、早起きしたり、勉強したりしたほうが早いことに気づくようになります。最近では早起きもできるし、サクサクと勉強を終わらせて、残りの時間をのんびり過ごせるようになりました。

自分のことをだましながら、サービスするうちに、どんどん成長してしまいましょう。楽しいことは上達するし、好きなことは夢中になれます。**夢を実現したいのなら、いつも楽しくワクワクしながら進んでいきましょう。努力ばかりやがんばりすぎは、夢の風船をしぼませてしまいます。**

どんな時の自分も、ご機嫌でいてくれますように。

11日目～20日目のワーク

幸せ体質になる10の習慣

第2ステージでは、幸せ体質をつくるために、身体と言葉に注目します。

身体の機能をつかさどっているのは「脳幹」です。全身の筋肉と脳幹は脊髄神経でつながっているので、脊髄神経を通して筋肉から脳幹にリラックス信号を送ることができます。リラックス信号は14日目のストレッチや17日目の呼吸法で操れるようになります。**リラックス信号が脳幹に送られると、脳に活気がみなぎり、身体も疲れにくくなります。**

身体のなかでもとくに、第二の脳といわれる腸にも注目していきます。食事の内容、便秘解消についてのワークは、疲れていたり、がんばりすぎていたときには、なかなか長続きしなかったものかもしれません。10日間のワークに取り組み、身体がリラックスしている今のあなたなら、新しい習慣をものにすることができるはずです。

言葉をつかさどる「大脳新皮質」もケアしていきます。人間にしかない大脳新皮質にとっては、日々の生活体験がそのエネルギーです。したがって**日々の出来事をどう受け止めるかで、脳にとっては栄養にもストレスにもなる**わけです。そのため、18日、19日、20日の言葉を使ったワークで、出来事の受け止め方をコントロールしていきます。

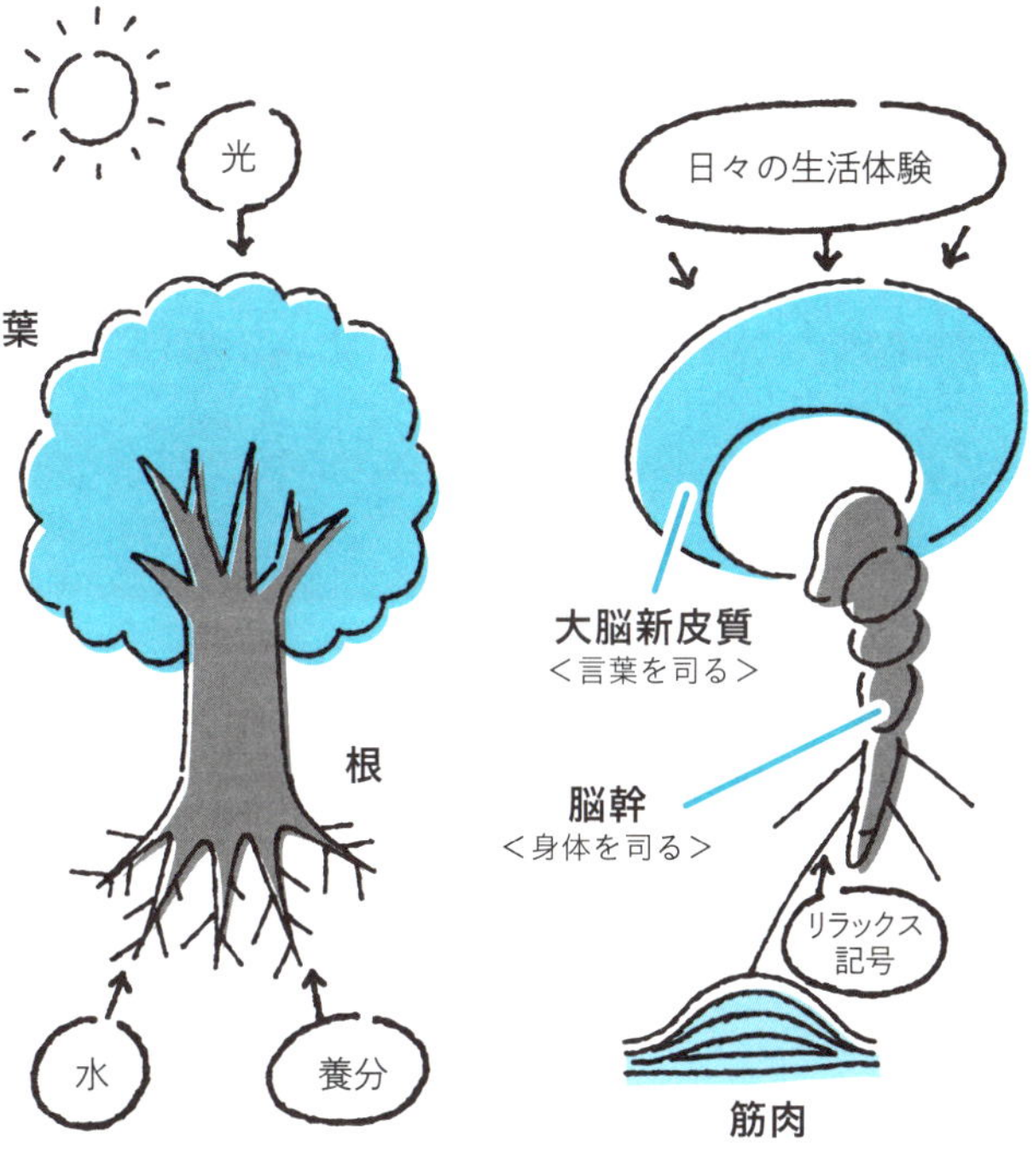

脳は木のように、上下からの栄養が必要です。上からの栄養とは「日々の生活体験」。これは、人間しか持たない「大脳新皮質」への刺激となります。この体験をプラスに受け取れるように、言葉の使い方が大切となります。下からの栄養は、筋肉からのリラックス信号。ストレッチや呼吸法でこの信号を送ることができます。また、脳幹にストレスをかけないためには、食生活に気を配る必要があります。胃腸を動かすのも、毒素の排出に携わるのも脳幹の役割だからです。

11日目

糖質制限で、むくみ足もすっきり！

「糖質制限」をすると全身の血流がよくなり、肥満予防にもなります。

糖質には主にご飯やパンなどの炭水化物や、ほとんどのスイーツが含まれます。血液をドロドロにするのは、脂肪ではなくて糖質なので、この糖質を制限すると血流がよくなり、肌や髪にもいい影響がでてきます。

また、糖質の高いものを食べると、食後にインスリンが血液中に大量に分泌されます。そのインスリンが身体に脂肪を蓄積させる役割を果たします。ですから糖質を制限することで、太りにくくなるのです。

でも、糖質制限はハードルが高いと思い込んでいる方がほとんどです。私もその一人でした。スイーツ、ごはん、パン、パスタ、果物、根菜類……と、おいしいものはみんな糖質なのですから。

以前の私は、ストレスが高まるとさらに糖質の高いものを余計に食べていました。たぶん、人の何倍も摂取していたと思います。「このままでは、まずいのではないか……」と薄々感じてはいたものの、なかなか制限には踏み込めませんでした。

でも、ある先生のセミナーを偶然に聞いたのをきっかけに、１日だけ、思い切ってやってみることにしたのです。そう、１日だけです。もともと、摂取過剰の私です。「できるわけがない」と思ったので、無理をするのをやめて、まず１日だけやってみて、何を感じるかを試すことにしました。

わずかな知識のなかで、できる限り糖質をカットして、１日を過ごしてみました。知識がないので、後日、糖質の多いものをとっていたことに気づいたものもありました。まず朝食は、生ハム（あとで調べると水飴が使われていました）と卵、キャベツ、レタス、キュウリ。これでけっこうお腹がいっぱいになりました。昼食は、鶏肉、味噌汁、納豆。夕食はもともと会食でもない限りはとらないので、なしでした。

たった1日だけでしたが、意外なことにお腹はあまり空かず、甘いものも欲しくなりませんでした。甘いものに関しては、今までは食べようと思っていなくても、勧められれば一つ口に放り込んで、もう一つ欲しくなってしまった、ということがよくありました。甘いものは、中毒性があるのです。1日の糖質制限で、「身体に入れなければ欲さない」ということがよくわかりました。

そうなると、次の日もやってみたくなります。会食やお呼ばれなど、どなたかと食事をするときは、残さずに食べていましたが、無理なくあっという間に1カ月が過ぎていきました。

もともとダイエット目的ではなく、あくまでもとりすぎていたことを気にして始めた糖質制限でしたが、1カ月で体重が2・5キロも減っていました。行きつ戻りつの毎日ではありましたが、無理なくダイエットにも成功したのです。続けるコツは、戻ってもがっかりしすぎないこと、減っても喜びすぎないことです。

結果、むくんでいた脚が朝起きて鏡を見ると、スッキリしていました。疲れない、眠くならないなど、いいことがたくさんありました。お通じもよくなり始めました。

単純に糖質の高いものをカットしただけで、身体の調子がずいぶん変わりました。

今は糖質カットのパンや野菜ジュースなどがスーパーにも置かれているので、利用してみるのもいいと思います。朝だけとか、夜だけとか、時間帯を決めてあまり無理のないように進めると、長続きするし成果があります。

続けるためには、がんばりすぎない。これは夢を実現するための法則です。

12日目

一口ごとに「お箸を置く」習慣を

糖質制限にチャレンジし始めた方へのアドバイスです。

一度口にものを入れたら、お箸を置く習慣をつけましょう。口のなかのものは30回噛むようにします。噛むための「咬筋」は「抗重力筋群」で、脳と深い関係があります。よく噛むと頭がよくなるといわれるのもそのためです。

抗重力筋は、人類が地球の重力に抗って二足歩行するために発達した筋肉です。この筋肉と脳は脊髄神経でつながっています。人類はこの筋肉を発達させることで、同時に大脳を進化させてきたのです。

13日目

トイレに「10分座る」が腸美人をつくる

お通じについても少し触れておきましょう。

女性は便秘の方が非常に多いですね。「腸は第二の脳」といわれるくらい大事なところなので、脳と一緒に腸の健康も見ていきます。

便秘の方に多いのは、朝、トイレに「座らない」ということです。便意をもよおしたら行く、というパターンが多いのです。これでは、腸にとってはよくありません。

私たち自身が、腸が蠕動運動《ぜんどううんどう》（筋肉の収縮波を伴ったうごめくような運動）をしやすい環境づくりをすることが大切なのです。

朝、便意を感じない方は、まずトイレに10分間座ります。そして、腸が蠕動運動している様子をイメージしてください。そうしているうちに、力まなくても便がスルッと出るようになります。

170ページから詳しくお伝えしますが、イメージの力はとても大きいのです。「イメージしたぐらいで？」「10分間座ったくらいで？」と、私もずっと思っていましたが、この10分間で大きく腸が変わっていきます。

もちろん、便秘にはそのほかの問題もありますが、第1章で自律神経を整え、食事に注意をし始めた皆さんであれば、このトイレのイメージトレーニングもできるはずです。

糖質制限をすることで、便の状態も変化するので、このトイレの10分間トレーニングも効果をより発揮するはずです。

14日目

ストレッチで細胞を目覚めさせる

皆さんは、早寝早起き型ですか。それとも、夜更かし朝寝坊型ですか。

私は5年前までは、時間があればあるだけ寝てしまうという「過眠症」でした。いくらでも眠れるので、極端なことをいえば、なぜ起きなければならないのかもわかりませんでした。物心ついた幼稚園児のころからつい5年前まで、「一生眠るのが夢」という人だったのです。

自分でも薄々、「これは、おかしいぞ」と思っていました。自律神経がおかしくなっていたのでしょう。どうしようもないことだったと、今ではわかるのですが、長い間「心の力が足りなくて、切り替えが悪い」と悩んでいました。

宝塚歌劇団では、朝9時半から12時まで、バレエ、モダンダンス、ジャズダンス、日舞、声楽などの劇団レッスンがありました。そのあとの13時からは、公演のリハーサルか宝塚大劇場の公演が始まります。リハーサル前、公演前には、レッスンに出るのが当たり前の毎日でした。それなのに、私は毎朝寝坊していました。

毎年1月1日には「拝賀式」という恒例行事があり、実家に帰る生徒もいたので自由参加ではあったのですが、毎年私は寝坊で欠席していました。

宝塚駅の南口にある「すみれ寮」にお世話になっていたころのある日、ぐっすり眠っていると、真夜中に「熊谷さん！」（本名です）と大声をあげ、ドンドンとものすごい勢いで扉を叩く人がいました。寮のおじさんです。

「まだ夜中なのに、普段あんなに穏やかなおじさんが、どうしたのかしら？」と思って、「はーい」と返事をすると、「もう10時ですよ！　お稽古始まっていますよ」と言うのです。

なんと、朝の10時になっているのに、真夜中にしか感じられなかったのです。今なら睡眠障害だとわかるのですが、当時は「なんで起きられないんだろう?」と、自分を責めてばかりいました。

しかし、自分を責めるほど、朝にきちんと起きられないのです。しかも、夜は眠れない。自己否定をすると、かえって失敗を繰り返すのです。これは法則のようです。

「朝、早く起きて、朝日を浴びる」というのは、鬱病の治療にも使われている方法です。朝日が昇ったら起きて、日が沈んだら眠る。こんな当たり前のことを、現代の私たちはすっかり忘れているようです。

すっきり起きるためには、次ページのイラストのようなストレッチが効果的です。夜は4日目の「安らぎのコース」、朝はこの「目覚めのコース」で、少しでも早く身体中の細胞を目覚めさせましょう。朝、起きたら、布団の上でやってみてください。

ストレス社会に生きる現代人は、朝起きてから細胞が全部目覚めるまでに3時間程かかるといわれています。もしかするとお昼まで、いや夕方まで目覚めない人もいるかもしれません。このストレッチで、少しでも早く細胞を目覚めさせましょう。

目覚めのコース

1

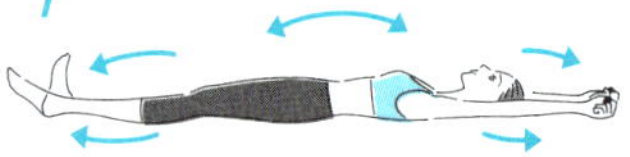

朝、目覚めたら背伸びをする。脚首を倒したり、逆に起こしたりして十分に筋肉を伸ばす。ゆっくりと行う。

2

両膝を抱え込むようにして、腰の筋肉をストレッチ。約30秒程してから、次に首を持ち上げて、膝に顔を近付けていき、そのまま10秒キープして元に戻す。これを2〜3回行う。

3

うつぶせになり、息を吐きながら状態を起こしていく。この時アゴを上げるようにする。上体を反らしたら、約10秒キープして、元に戻す。2〜3回行う。

4

手を前に伸ばして、正座の状態になる。この状態で背中を良く伸ばすようにする。10秒程伸ばした状態を保持したら、ゆるめて再度伸ばしていく。これを2〜3回行う。

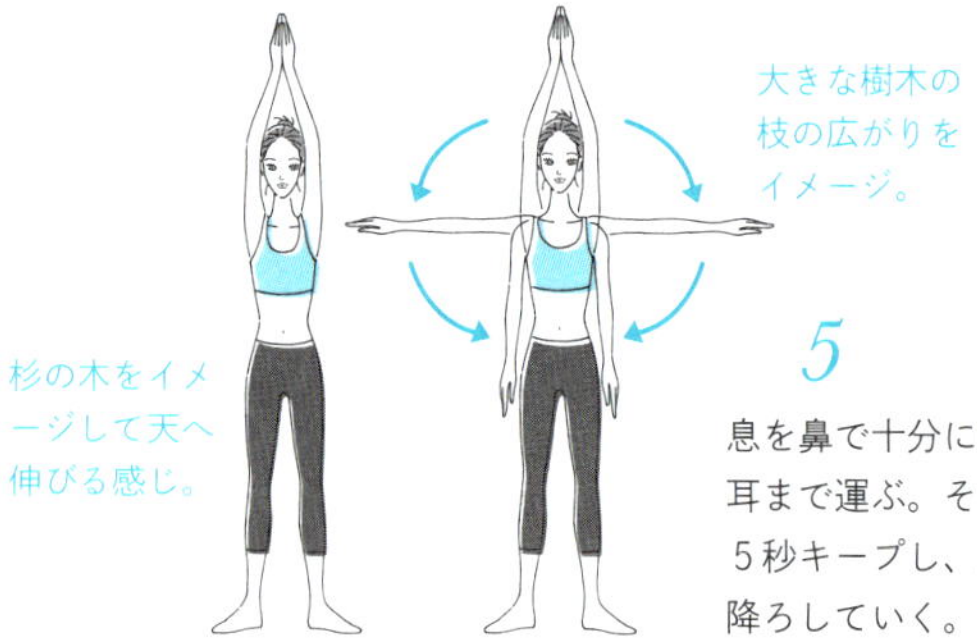

5

息を鼻で十分に吸い込みながら腕を耳まで運ぶ。その状態で手を返して5秒キープし、息を吐きながら手を降ろしていく。これを3回行う。

15日目

休日も平日と同じ時刻に起きる

休日の前日は夜更かしできるので、楽しみですよね。でも、休日はお昼まで寝ていて、何もやる気が起こらず、罪悪感をもちながらも結局ダラダラと過ごしてしまい、そのせいで夜は眠れなくて、翌朝起きられなくなってしまう……そんな経験はだれにでもあるでしょう。

しかし、**何もせずにダラダラと過ごすことは、一見、身も心も休みがとれているように見えますが、実は「廃用性疲労」といって、身体に疲れをよけいにためてしまっ**

ているのです。気持ちまでどんどん暗くなります。

ですから、休日にたくさん睡眠をとりたいのであれば、いつもより早く布団に入ることです。そしてお休みの当日は、いつもと同じ時刻に起きましょう。

寝る時間を早めても生活は乱れませんが、起きる時間を遅くしてしまうと、私たちの生活習慣はたちまち乱れ、体調をくずしてしまいます。

休日も、同じ時刻に起きる。

これは身体をイキイキと保つために、大切なことです。

16日目

「緑の草」で身体のサビ取りを

ワークを始めてから、半分が過ぎました。いくつかは、継続できているでしょうか。全部でなくてもいいのです。無理は禁物です。心地よくできるもの、続けられるものだけでかまいません。その数を少しずつ増やしていくように目指しましょう。

また、疲れもたまっているかもしれません。夢に向かってたくさんのことを同時に行っているのですから、疲れても当然です。実際に身体にたまっている疲労と、私たちが感じる疲労とでは、大きな差があります。

また「疲れすぎて、疲労を感じられない」という大きな落とし穴もあります。「疲れてなんていない、大丈夫！」などと言って強がらずに、今日は自分をゆっくり休ませてあげましょう。

日本疲労学会が、疲労をとる方法をいくつか紹介しています。一つは緑の草に含まれている「青葉アルデヒド」や「青葉アルコール」という成分の摂取です。**緑の草の匂いは森林浴などで得られるものですが、身体を錆びさせる活性酸素の発生を減らしてくれます。**

実はこれは、緑茶の葉から簡単に摂取できます。お茶の葉が入った缶に鼻を入れて、思い切り香りを吸い込んでみてください。青葉アルデヒドや青葉アルコールを身体に取り入れることで、簡単な森林浴ができるのです。

また、**鶏の胸肉も疲労をとるのに効果的です。**鶏の胸肉には「イミダペプチド」という身体の疲労を取り除くアミノ酸融合体が、牛肉や豚肉に比べて2〜3倍多く含まれているといいます。この成分は、マグロやカツオなど長時間運動を行う生き物の筋肉部にも含まれています。マラソンの前や後に鶏の胸肉がいいといわれるのは、そのためです。今日のおかずは、鶏の胸肉、マグロ、カツオにしてみるのもいいですね。

17日目

呼吸法で悪いものを吐き出す

ここでは身体のなかにあるイヤな気持ちを全部吐き出します。

できるだけたくさんの息を一気に吐き出したいので、目の前に大きなロウソク、あるいは数十本の小さなロウソクの束があるとして、それらの火を全部吹き消すことをイメージするといいでしょう。

1. 鼻から深く息を吸い込みます。
世界中のいいものを全部吸い込むイメージで吸いましょう。

1 鼻から吸う

2 口から3回に分けて吐き出す。最後は10秒くらいかけて長く吐く。

2. 次に、口から「フッ、フッ、フ～～」と、3回に分けて息を吐き出します。

自分のなかの悪いものを全部吐き出すイメージです。

身体のなかから悪霊を追い出すくらいの勢いで、強く吐き出します。最後に吐く息はできるだけ長く、10秒くらいかけて吐きましょう。

3. これを5～10回、難しければ3回でもいいので、繰り返します。

これで、あなたの中の悪いものは、全部外に出て行きました！

18日目

否定語を肯定語に「翻訳」する

皆さんの口癖はなんですか。

私の口癖は、「できない」「絶対無理」「無駄」「私なんて」「もういやだ」「すいません」「うそだ」「ほんと？」「あの時、こうすればよかった」などたくさんありました。

口癖のなかでもこれらの否定的な言葉は、ほぼ無意識のうちに口をついて出てくるので、言わないようにするのが懸命です。

そのためにも、**気づいたらすぐに肯定的な言葉に変換して言える準備をしておくといいでしょう。**

無理 → できる　　ダメ → 大丈夫
疲れた → 充実していた　　忙しい → 必要とされている
これだけ？ → こんなに？　　〜しかない → 〜もある
喧嘩はやめよう → 仲よくしよう　　ついていない → ラッキー
汚さないで → 綺麗にしてくれてありがとう

否定的な言葉には、使っただけで空気がよどんでしまうものがたくさんあります。否定の言葉を使わずに過ごすことは、夢に向かう私たちにとって、大切なことです。

生徒のMさんは「自分の言葉の使い方が人にも影響を与えるので、楽しくてしかたない」と、この言葉の変換を喜んでいました。これは私も同感です。自分の言葉が人に影響を及ぼし、気づきを得てくれたり、ほっとしてくれたり、感謝してくれたりすると、もっとたくさんよい言葉を集めて役に立ちたい、という気持ちになります。

自分の成長が他者の役に立つ。自分が輝けば、周りも輝く。こんなにうれしいことはありませんね。

19日目

絵文字をやめ気持ちを言葉で伝える

　今日は、**絵文字、顔文字、記号、スタンプなど、ネット用語は一切使わずに、自分の感情や伝えたいこと**を表現してみましょう。

　例えば（笑）も＾－＾も使えないとき、あなたはどうやって自分の笑顔を表現しますか。気の許せる相手に、このワークのことを伝えて、「うまく伝わらなかったら、教えてね」とお願いしてメールを出してみるといいでしょう。

　まず、このことで、今までいかに（笑）や顔文字で自分を表現する時間を短縮していたかがわかります。その逆に、言葉で自分を表現するのが、どれだけ難しいかもわ

かるでしょう。例えば、

うれしー！　*\(^o^)/*　↓　心から、うれし～～い。
もう、顔がにやけたままですよぉ。

というように表現します。

ここで大切なのは、伝えようとする言葉の使い方や表現の仕方を勉強したり、絞り出したりする「時間」です。

これを積み重ねていくと、**普段使う言葉の引き出しがぐっと増えていきます。**ていねいな言葉を使う、素直な自分にも出会うこともできます。

まずは今日1日、言葉だけで表現する大変さと、うまく表現できたときの喜びを知ってください。

20日目

「へ～」「なるほど～」を口にする

質問は、相手への興味です。質問をされると、悪い気がしないのはそのためです。**「へ～」「なるほど～」は、質問が簡単に出るようになる魔法の言葉。**誰でも簡単に言えそうに思えるのですが、実は習慣になっていないと、口をついてはなかなか出てきません。私たちはつい、「えー」「でもー」「だってー」と、否定的な言葉で受けてしまいがちです。

この質問が簡単に出るようにするためにお勧めなのが、皆さんが普段使っているSNSです。私はSNSで感情や大切なことを伝えるのには賛成ではないのですが、こうした練習には役立ちます。

今の時代は、どうしてもLINEやメールでのコミュニケーションを求められる機会が多いので、SNSで言葉の変換の練習をすることは、実践的ともいえるでしょう。SNSで誰かとやりとりをしていて、「え～、それは違うでしょ」と思っても、「へ～」や「なるほど～」と書いてみる。すると、相手の返事も変わってくるはずです。

直接相手と会って話をする場合は、ポンポンと速いやりとりのなかで言葉を出さなければいけないので、新しい返事の方法を身につけるのは、なかなか難しいと思います。

一方、SNSでの文章は、読み返したり書き直したりできるので、その分、ワンクッションをおくことができます。もちろん時間がかかるので、「時間がないからLINEを使っているのに！」とイライラしてしまうこともあるかもしれません。

でも、一所懸命取り組んでいると、本当の自分を伝えるのが少しずつうまくなっていくのがわかるはずです。そのことに慣れれば、口にする言葉も自然と変わっていくでしょう。

第3章

目標をイメージすれば夢は叶う

公言するから実行できる！

受験を公言すれば「合格」に近づく

私は、宝塚の受験生たちにはいつも、周りの人には宝塚を受けることを言うように勧めています。でも、これに対して生徒たちは否定的で、「もし落ちたら……」「受からなかったら恥ずかしいし……」という反応が返ってきます。

私が受験するときも同じでした。私は宝塚を受けることを、友人たちには話していましたが、母からは「そんなことを言っちゃって、合格できなかったら、どうするの？落ちたら恥ずかしいじゃない」と言われたことを覚えています。

でも、落ちることって、そんなに恥ずかしいことでしょうか。

そんなことはありません。友だちが試験に落ちたときに、私たちは笑ったり、バカにしたりするでしょうか。しませんよね。ですから受験やオーディションなどのチャレンジは、公言したほうがいいのです。有言実行。いろいろな人に言ってください。

もし誰かに「あなた、4月からどうするの？」と聞かれたら、

「○○大学に合格して、東京に行きます」

「司法試験に合格して、弁護士になります」

と言ってしまえばいいのです。実際に、「自信」あるいは「根拠のない自信」がある人は、そのように話しているものです。

そのことで私の印象に強く残っているのは、女優の沢口靖子さんです。「東宝シンデレラ」というオーディションの追跡番組で、当時候補者の一人だった彼女は、「4月からはどういう予定になっているのですか？」という質問に、「このオーディションに受かって、女優になっています」とはっきりコメントしていました。テレビを見ていた私は、「あ、この人、受かるな」と思ったものです。

根拠のあるなしにかかわらず、自信のある人は、自分の輝く未来を周りに話しているのです。

自信がない……だからこそ「宣言」する

落ちたら恥ずかしいから、言わない。そういう気持ちでいる人は、落ちることを予測してしまっているので、たぶん落ちます。だから、自信がなければよけいに、周りに公言する。**受かると思えない、受かると思い込めない場合はとくに、周りに言ってください。**

当初は、「私は〇〇に受かって、△△になります」と言うのにも、「言わされている」という感覚でいっぱいになるかもしれません。でも、それでいいのです。言ってしまうことで、そう言える自分になれることが大事なのです。

公言すれば、当然のことながら受験後、人に「どうだった？」と聞かれるでしょう。それに対しては、受かったのなら「受かった」、落ちたのなら「落ちちゃった」とだけ言えばいいのです。この場合、落ちたときこそ、公言した意味が発揮されます。それは、周囲に言うことで、「落ちたあとの自分」に責任をもつ姿勢になるからです。つまり、**「合格したあとの自分」より「落ちたあとの自分」が輝いていたいという意識が働くようになる。**いい意味で、**逃げ道がない状態になるのです。**

もし、誰にも言わないでオーディションを受けて落ちたのなら、一人で落ち込んでしまう可能性があります。誰も知らないから、いつまでも落ち込んでいられるわけです。公言していないからこそ、それが逃げ道になってしまうのです。

「△△になります」と言って落ちた場合は、「悔しい」というプライドが生まれるので、その後の人生を今までよりも真剣に考えるようになります。

私の生徒さんにも、「宝塚に入ります」と公言して、落ちてしまった子たちがいます。でも、その子たちのその後の進路を聞いて、「宝塚じゃなくて、よかったね」と思わず言ってしまうようなことが少なからずあるのです。

例えば東京芸術大学の声楽科（ソプラノ）に合格した子は、２人とも宝塚受験に失敗しています。でも、芸大の声楽科は日本でも最難関ともいわれるほど難しいものです。

そんな難関に受かったのは、彼女たちが真剣に宝塚受験に向き合って、「私、宝塚に入ります」と言ってきたからです。

落ちたあとの人生に責任をもって、「もっと輝こう」「宝塚に受かった子よりもずっと輝こう」と打ち込んだ結果なのです。

勝負の日はゴールではなく通過点

私たちが目指している「勝負の日」は、言ってみれば「通過点」です。

人生のゴールではありません。

もちろんこの本では、勝負の日に最高の自分を出して、合格を勝ち取ることを目標としています。でも、ここで皆さんに忘れないでもらいたいのは、合格するためにどのような日々を過ごして、どのようなことを得てきたかということこそ、大事なのだということです。

それは、勝負の日という通過点をへて、合格・不合格の結果を得たあとの自分が「どう生きていけるか」につながることなのです。

宝塚に不合格でもその後の人生がもっと輝く子もいれば、合格してもそこで力尽きてしまったり、レッスンができなくなってしまったりする子もいます。

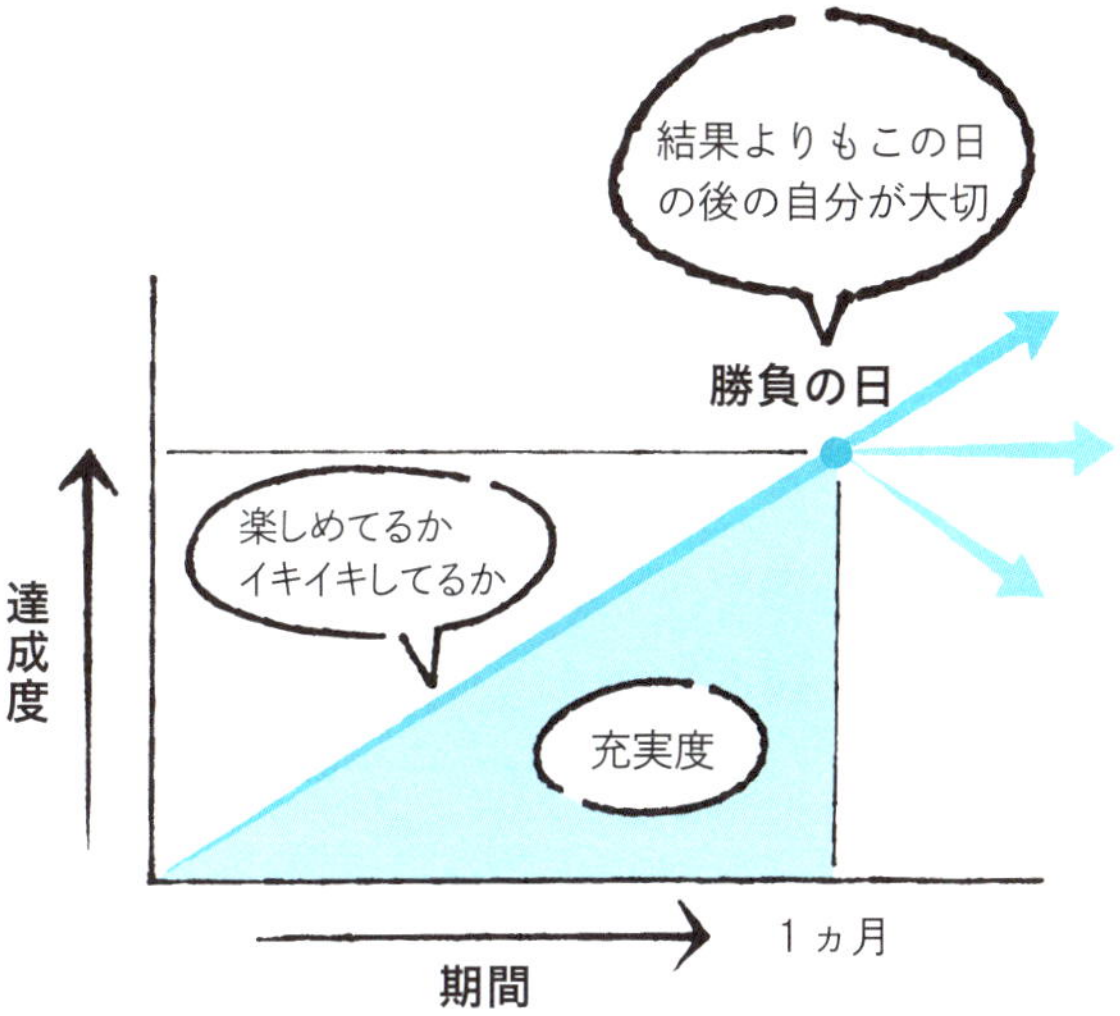

合格であれ不合格であれ、大切なのはその後の自分です。不合格であっても、その後の人生が輝いているなら、合格を目指してやってきたことに意味があったということです。

それまでの過去も、同時に輝かせることができるように、その後の人生に責任をもてるように、**あなたの夢を、周りの人たちにどんどん話してください。**

それって本当に自分の夢？

夢や目標を目指しているのに、つらいという方がいます。夢に向かっているのに、力が出ない、出せないという人に多いのが、それが自分の純粋な夢ではなかったというケースです。

夢や目標が叶ったのに、ワクワクしないという方もいます。「燃え尽き症候群」という言葉がありますが、自分の夢なら、叶えたところで燃え尽きることなどないはずです。医師を目指して国家試験を受けて、合格時点で燃え尽きてしまっては、なんの意味もありません。

では、それはだれの夢なのでしょうか。実はそのほとんどが「お母さんの夢」なのです。とくに10代の人は、母親の夢をそのまま自分の夢と信じ込んでいたりします。それがわかっていないので、なぜつらいばかりなのか、ワクワク、キラキラしないのかに気づけないのです。

私は、そんなふうに夢中になれない生徒さんには、お母さんと一緒に話をします。そして生徒さんには、「お母さんがそう願っているから、入りたいんじゃないの？」と、お母さんには「昔、宝塚に入りたかったんじゃないですか？」と聞くのです。

それは、母親の多くが、自分の過去を娘でやり直そうとしているからです。これは大なり小なり、母親であれば皆がもっている願望ですが、私たちカウンセラーは、このような世代間連鎖のことを「魔女の法則」と名づけています。これがエスカレートすると、子どもを苦しめることになるので、お母さんは注意が必要です。

実際に、「魔女の法則」で宝塚受験を目指した子は、途中でやめていったり、受からなかったりする子が多いのです。それは遅かれ早かれ、自分の夢ではなかったと気づくからです。

自分で決めた目標なら、そこに到達する道は楽しいはずです。それが入試や国家試験のように難しいものでも、ワクワクできるはずなのです。自分のどこかに「やらされ感」があるのだとしたら、そして夢に向かっているはずなのにワクワクできないとしたら、それが本当に自分の夢なのか、今一度、考えてみる必要があります。

コラム

魔女の法則を解くカギ

「魔女の法則」を解くカギは3つあります。

①脱力トレーニング

②自主的決定

③自己受容と過去の肯定

まず、①身体がリラックスしていること。この本の第1章に当たる部分です。身体に力が入っていては、②から先に進むのは難しくなります。

次に、②何事も自分で決めて実行する癖をつけることです。宝塚受験をさせようと必死になっているお母さんのなかには、子どもの食べるものから見るテレビ番組まで、細かく管理している方がいます。

「他者に決められた」「やらされている」という認識でいると、何か失敗したときに傷が深くなり、立ち直りが遅くなります。小さなことからでいいので、自分で決める癖をつけることが、大切な一歩となります。

そして、自分で決められるようになってくると、③失敗したことを受容できるようになります。何か問題が起きたときに、「これには意味があるんだ」と考えられるようになれば、それは、「過去の肯定」にもつながります。

どんな過去も、今の自分をつくるために必要だったと受け入れて初めて、「魔女の法則」から逃れることができるのです。

「未来計画図」で夢を引き寄せる

目標は「時間で逆算して」叶える

皆さんは、「〇〇になれたらいいな」「△△に合格できたらいいな」と、夢を願望のままにしていませんか。でも、「だったらいいな」という気持ちだけでは、夢は逃げてしまいます。そして夢は、いつか失望に変わってしまいます。

夢を叶えるには、目標を決めることです。実は、**この目標の立て方にもコツがあります。それは「時間で考える」ことです。**

これは私が実際に、「モデルになりたい」というHさんにアドバイスした方法です。まず、片っ端からファッションショーを見て、好きなモデルさんを何人かあげてもらいます。こうしたワクワク感から入るのは、大切なことです。

そして、好きなモデルさんの所属事務所の場所と、オーディションの日にちを調べると、Hさんのオーディションの日、つまり「勝負の日」が決まります。
次に、例えばオーディションまで４週間あるのなら、最初の１週間で睡眠の質を上げ、次の２週間で食生活を変え、便秘を解消して……というように、その間にやっておくべきことを決めます。実際に、睡眠の浅い人が眠れるようになったり、便秘が解消されてオーディションに向けて大きな自信になったりするのです。

目標達成のための時間割を決めて「未来計画図」を用意すれば、勝負の日に向けた具体的な身体づくりや精神づくりができるようになります。

私も、今の飯田橋教室をオープンするにあたっては、カウンセラーの勉強を始めた５年前には、未来計画図を描いていました。勉強を始めたときに、「２０１３年の10月に教室をつくる」と決めていたのです。
そのことで、「1日1回、ストレッチ運動をする」「３年後につながる理論の本を毎日１ページ頭に入れる」といった、そのときにできることを細分化して計画を立て、実行しました。３年後に教室を設立するなら、逆算して1年後にはどんな資格を取っていないといけないのかがわかったので、それに向かっていく勉強も始められました。

落ち込んだときは「綺麗に手を洗う」

「なりたい自分」になるためには、その目標をイメージしながら時間を刻んでいくことです。夢を願望から目標に変え、ぼんやりしている夢を、具体的な数字に落とし込んでいきましょう。

目標は立てられたけど行動に移せないという人は、今までの20日間のワークを、今一度徹底してやってみてください。どのワークでもいいのです。何か一つでもできるようになると、気分が変わり、自己評価が上がります。

「私って、けっこうできる！」と思えるようになり、そうしたワクワク感を経験することで、どんなことにも挑戦していけるようになります。

落ち込んだときも同様です。身体を動かしてみると、気持ちが変わるものです。オーディションに受からなくて「もう終わりだ」と落ち込むのではなく、戸外に出て清々しい空気を吸う。シャワーは身体の汚れだけでなく邪気も落とすといいますから、思いきり浴びる。その元気もなければ、手だけでも洗ってみます。

気持ちがものすごく落ちてしまったときは、少し身体を動かしてみるだけで、気分は切り替えられるものです。人間の感情は意外と単純なもので、身体の動きをうまく使うことで、強くなります。それができるようになれば、人生はもっと楽しくなるとわかるはずです。

自分で決めた道、だから「失敗しても大丈夫」

スタート地点は「コレは私が決めた！」

自分で決めることはとても重要です。自分で決めた道なら、たとえ失敗しても傷が浅くてすみます。人が決めたことだと、その人のせいにして、いつまでたっても立ち直れません。

いくらだってやり直せるチャンスはあったのに、「母の決めた大学に行ったから、人生が曲がってしまった」などと、いつまでもグチを言っている人が、なんと多いことでしょうか。そんなことで不満をもって生きているのです。「それ、いつの話よ」ということです。

だから皆さんには、自分の道は自分で決めてほしいのです。進路だけでなく、あらゆることをです。お子さんがいる方は、お子さんには自分のことは自分で決めるように育ててください。

私は何かをするときは、「これは自分で決めたことだ」と自分に言い聞かせてからスタートするようにしています。

数年前、ある知り合いの方が私のためにイベントを立ち上げてくださったときも、そうでした。私はもともとイベントをするつもりはなかったのですが、せっかくなので、ありがたくその申し出を受けることにしたのです。

その時私は、「これは、自分でやると決めたんだ」と、鏡に映った自分に言いました。そうでないと、楽しくないだけでなく、何かあったときに人のせいにしてしまうからです。「だから私は、やりたくないって言ったじゃない」と言い訳するのがいやでした。

人から言われて決めたことであっても、自分でやると決めたことだと納得してから始めるようにする。そうすることは結局、自分のためなのです。

失敗するから「転ばないコツ」がわかる

私の知り合いのある社長さんは、部下が失敗しているとわかっていても、そのままやらせて失敗させるそうです。

「自分で決めて失敗したことは、二度とやらないものだ。自分で気づく前に私が注意をしたら、いずれまた同じ失敗をする。それは、もっと大きな失敗につながる可能性がある」

これは、実際にはなかなかできないことです。つい、助けたくなってしまうからです。例えば、目の前で子どもが転びそうになったら、サッと手を差し伸べて助けたくなります。でも子どもは転ぶことで、次回は転ばないコツを学びます。転ぶときには地面に上手に手をつくとか、転んだらこれだけ痛いとか、そういったたくさんのことを、身をもって学びとっていきます。だから転ばなくなるし、人の痛みもわかるようになるのです。失敗は、学びなのです。

「人生の刑務所」に入っていませんか？

「なんでも自分で決めるのは、不安だ」という方もいるかもしれません。ところが、何も自分で決めなくていい場所というのが、実はあるのです。どこだと思いますか。

それは刑務所です。刑務所では、自主決定権が完全に奪われています。起床時刻、仕事、休憩、体操の時間、就寝時刻……すべてが決められています。それが犯した罪に対する罰でもあるのです。


人から自主決定権を奪うことが、人間への罰になるということを、知っておくとよいと思います。

結果はすでに自分が選んでいる

宝塚受験を落ちた子どもたちに、よく言うことがあります。

「あなたが宝塚を選ばなかったんだよ」

宝塚から拒否されたのではなくて、潜在意識として別の道があるとわかっていたから、自分で宝塚を選ばなかった、ということです。

こういうことは頻繁にあります。受験に落ちたあとで、自分の本当の輝く人生が見つかったとき、「ああ、宝塚じゃなかったんだ。私が宝塚を選ばなかったんだ」と腑《ふ》に落ちる瞬間があるのです。**落ちたときに気分が落ち込むのは当たり前のことですが、「自分が選ばれなかった」と考えてはいけません。**

就職活動も同じです。何十社にも足を運んでいるのに決まらないと、「また選ばれなかった。私はダメだ」と思ってしまいがちです。でも、そうではなくて、自分の心の深い部分で「自分が選ばなかった」だけなのです。

宝塚受験生を教えていて面白いのは、合否の発表前にその子の結果がだいたいわかることです。例えば2年目の受験で合格したMさんは、1年目に3次面接まで進んだのですが、周りの子たちを見て「私の同期じゃない」と思ったそうです。

案の定、その年は不合格。2年目の試験のとき、「ああ、同期がいる」と感じて帰ってきたようなので、私は「合格したな」と思いました。すると見事に合格。Mさんは、自分が入る年を自分で選んだわけです。

Sさんも同じです。1年目は最終面接でどんどん気持ちが引いてしまったのに、2年目は、気持ちが乗っていく自分がいて、「試験官の質問内容が、前年とはまったく違っていた」と言いながら帰ってきました。

Sさんはきっと、前年は入る準備ができていなかったのでしょう。2年目は入る準備ができていたからこそ、思うように試験を進められたわけです。

「宝塚に入れた」のではなく、「私が宝塚を選んだ」――そう言って合格してほしいと私は思っています。**「入れていただく」のではなく、「選んで入る」。**私たちはそういった心と身体の強いエネルギーを、この本を通じてつくっているのです。

意志力より「イメージ力」を鍛えよう

勝負の日に輝くため、オーラを出すために、大切なことがもう一つあります。もしかするとこれは、目標設定以上に大切なことかもしれません。それは「イメージする力」です。**イメージを上手に活用できるようになると、オーラも出てくるようになります。**それは、あなたがすでに、未来の自分を半分手に入れているからです。

イメージすることには、とてつもない力があります。自己暗示法の創始者であるエミール・クーエは「イメージの力は、意志の力の二乗に相当する」と言っています。

［クーエの4大法則］

・意志力は想像力に勝てない。
・想像力は意志力の二乗に比例する。
・想像力と意志力が同調していると、そこに生じる力は両者の和でなく積となる。
・想像力は誘導可能である。

想像力、つまりイメージの力で、なりたい自分を視覚化すると、夢が現実になりやすくなります。意志力だけで「こうなるぞ！」と決めても、そこに視覚映像がなければ、夢にはなかなか近づけません。「3キロやせる！　3キロやせる！」と毎日思っていても、実際に3キロやせた自分を視覚化しなければ、未来計画図にはなりません。

イメージするには右脳の力が必要ですが、その実現に向けた計画には、左脳の力が必要です。右脳と左脳のバランスが大切なのです。強くイメージできたものを未来計画図に落とし込み、行動に移しましょう。

脳のカン違いを利用する

脳の特徴の一つに「イメージと現実を区別できない」ことがあります。脳のなかではイメージも現実も同じなのです。ですから、自分の頭で思い描く夢や目標は、それを描くことさえできれば、必ず現実になります。思い描いたとおりになろうと、脳が動きだしてくれるからです。

したがって、マイナスイメージは絶対にもってはいけません。脳がマイナスイメージに向かって動きだしてしまうからです。

そしてリアルにイメージするほど、現実になりやすくなります。イメージはくっきり、はっきりしていたほうがいいのです。ぼんやりしていると現実になりにくいので、できるだけクリアにイメージするようにしましょう。

私の知り合いに、ロックスターのマイケル・ジャクソンの大ファンで「友だちになりたい！」と言っている方がいました。そしてマイケルの家の近くに住み始め、ついに彼のスタッフになったのです。きっと自分がマイケルと一緒に働いているイメージをクリアにもっていたのでしょう。

98ページで、「未来の自分になって生活しよう」というお話をしたので、皆さんは、もうそういう生活を始めているかもしれません。イメージならいつでも、どこでもつことができますから、これは活用しない手はありません。

なりたい自分を、ていねいにイメージしていきましょう。

・どんな服を着ていますか。
・どんなメイクをしていますか。
・どんな靴を履いていますか。
・どんなバッグをもっていますか。
・仕事でどんな人と会っていますか。

例えば、弁護士になった将来の自分は、どんな自分でしょうか。ベージュのカットソーにダークな色合いのスカートスーツ。メイクは優しい印象を出すためにブラウンのアイシャドウに薄いピンクのリップ。黒のパンプスを履いて、ナイロン生地のＴＵＭＩの黒いバッグには、書類が詰まっています。小振りのＲＩＭＯＷＡのスーツケースをもっているのは、これから成田に向かうから。横にいる海外のクライアントが英語でひっきりなしに話しかけてくる。大企業の法務関連を一手に引き受けて、世界を忙しく飛び回っているから、なかなか気が抜けない……。

こんなふうに、できるだけ具体的にイメージしてください。

宝塚を受験する人には、音楽学校は飛ばして、スターになっている自分をイメージするように言っています。音楽学校受験はゴールではなく、通過点でしかないからです。勝負の日よりも、その先をイメージすることが大切なのです。

資格試験であれば、合格しているイメージではなくて、その資格をもって働いている自分をイメージしましょう。

細部までイメージすれば、偶然が必然に！

なりたい自分をイメージするときのポイントは、動画映像にすることです。主役はもちろんあなた自身で、そのシーンは次のようにつくります。

・どんな人と会っていますか。
・どんなことをしていますか。
・どんな会話をしていますか。
・そのときの自分はどんなふうですか。

私も同じことをしてきました。２０１０年の６月に先生になると決めてから、次のようにずっとイメージしてきました。

テキストを脇に抱えて、シックなスーツを着た自分が、少し高めのサンダルを履いて、颯爽《さっそう》と教室に入ってくる。そしてホワイトボードを使って授業を開始。ついでに

3キロやせていて、お尻もきゅっと上がっている。生徒さんが手をあげて質問をするので、私はそれにていねいに答える。教室には笑いがたえなくて、私もイキイキと授業をしている。

そして今、このイメージどおりになっています。体重は3キロ減ではなく2キロ減ですが、歩く姿勢もスタイルも変わりました。昔はお尻が大きくて、歩くと後ろに出た感じに見えたのが、それも引っ込みました。筋肉も柔らかくなりました。

もう一つ、クリアにイメージしたことが実現しました。それは、この本のカバーです。本の出版はずっとイメージしてきましたが、実際に出版が決まったあとは、それまで以上に表紙から中身まで、ディテールをクリアにイメージし続けました。

カバーの撮影が終わり、デザイナーさんがあげてくれたサンプルカバーを見てびっくり。イメージしたとおりだったからです。「こんな本を出す」と思い描いていたものが、形になって出てきた。でも、これは偶然ではなく、イメージの力なのです。

イメージしているということは、明確な考えがあるということです。今回の場合は、打ち合わせ段階でのアイデア出し、撮影のときの表現力につながったのだと思います。つまりイメージが、具体化するときの核となったわけです。

大事なのは、いざというときに積み重ねたものがあるかどうか。その時、からっぽだったとしたら、何も出てきません。これは、とても大切なことです。

イメージできたら、そのとおりになる。これは脳の特徴ですから、信じてもらうしかありません。まず、信じて行動してみてください。そうすれば変わります。イメージしたら、脳は本当にあなたをそこへ導いてくれるのです。

イメージの語源は「振り真似」。つまり、動きを真似ることです。イメージを頭のなかでクリアに思い描けたら、ぜひそのように行動してください。

これからの最後の10日間は、とくにこの部分にこだわりましょう。脳はイメージと現実を区別できないので、視覚化したとおり、クリアにイメージした自分になって、最後の10日間を過ごすのです。

オーラのある人は「黒スーツが輝く」

オーラは、言い換えれば個性です。

自分らしさが確立されてくれれば、自然とオーラは出てきます。オーディションだって、面接だって、いちばんきれいな子が受かるわけではありません。求められているのは、ナンバーワンではなくて、オンリーワン。つまり、どれだけ自分らしく生きているかが見られているのです。

第1章の「脳の脱力」のところで「人と比べない」ことをお話しました。これはオーラにも関係します。人と比べてばかりいると、オーラは出なくなるのです。

人と比べるということは「他人の土俵」で戦おうとしていることです。たいていの場合は、他人の土俵では勝てません。新しい自分のフィールドをつくらなければならないのです。そうでなくては、個性は発揮できないし、オーラも出てきません。

自分を楽しむことができれば、オーラも出てきます。自分が大好きで、大ファンでなければ、ほかにだれが自分のことを応援してくれるでしょう。自分を好きになるために大切なのは、まず自分を知ることです。

本書の30日間のワークは、体調、メンタル、感情、性格、癖、食生活、好きなこと、得意なことなど、あなたにたくさんの気づきをもたらしてくれるはずです。一つひとつのワークが、キラキラオーラにつながっていると考えると、やる気も出てくるでしょう。

こんなふうにオーラの話をしている私ですが、パタリとオーラが消えてしまった時期がありました。宝塚をやめて女優をしていたときのことです。冒頭でもお話ししましたが、長年応援してくださっているファンの方から、あるステージのあとにこう言われたのです。

「まったくオーラがない。後ろでピアノ伴奏していた子のほうが魅力的だった」

これは本当にきつかった。当時、自分でも女優という仕事がしっくりこなくて迷いに迷っていましたから、オーラが消えるのも当然です。楽しく感じられず、全然イキイキしていない毎日でした。

今はこの仕事が楽しいからか、オーラもずいぶん戻ってきました。なぜそれがわかるかというと、オーラが出ている人は白くなる、白く見えるのです。この本の最初の打ち合わせのときに、編集者の方に「今日の真織さん、黒いスーツを着ているのに、なんだか白っぽいですね」と言われました。

実は宝塚では、「オーラが出ている人は白い」と、当たり前のように言われています。輝いていると、その人が白っぽく見えるのですね。

だから受験生を見ていて、受験の日に向かって白くなっていく子は受かるし、黒ずんでいく子はやはり落ちてしまう。オーラは目に見えるものなのです。

いい感じのときこそ不満に気をつけて

オーラが出始めた方に多い口癖があります。

「頼まれごとが多すぎるんです」

「忙しくて時間がないんです」

オーラが出てきた人、勢いづいてきた人は、頼まれごとが増えます。とにかく忙しくなります。なぜなら、エネルギーのあるところに人は集まるからです。その時に喜べるといいのですが、「なんでこんな忙しい私に言うの?」なんて思ってしまうのが常です。これは自分でオーラが出始めていることに、気づいていないからです。

頼まれごとが増えたり、忙しすぎたりしたら、それを不満に思うのではなく、「私って、エネルギーが強いんだな」と思うようにしてください。

オーラが出て忙しくなってくると、ついつい不満も出てきます。

個人で働いている人は、「自分のエネルギーが強くなったから、仕事が忙しい」と、すんなり受け入れられるのですが、会社員の人にはなかなか難しいようです。なぜなら、会社では仕事があるのが当たり前だからです。ですから、「なんで、私がこんなことまでやらなくちゃいけないの?」となってしまいます。

そんな時こそ、要注意です。だいたいオーラが出始めると、文句も出てきてしまうものだからです。**ちょっと偉くなったり、自信が出てきたり、物事がうまく回りだし**

たりして「なんか、いい感じ」となったとき、不満も無駄なプライドも出てきてしまうのです。

忙しいのは、人に必要とされているからです。エネルギーの多い人に人は集まるのですから、オーラが出始めたと考えて、不満に変換しないようにしましょう。

根拠のない自信こそ「最強」

勝負強い人は「幸せホルモン」の多い人

この章の初めで「根拠のない自信」の話をしましたが、この自信は「幸福ホルモン」と関係があります。幸福ホルモンとは、快楽中枢の神経核である中脳から分泌されるものです。幸福ホルモンには「興奮系」と「鎮静系」の2種類あり、ここで取り上げるのは、鎮静系のほうです。ホルモンについて詳しく説明していくと、本が1冊書けてしまうので、ここでは簡単に説明しましょう。

幸福ホルモンの鎮静系には「エンドルフィン」や「オキシトシン」などがあります。これらは、リラックスしているときや寝ているときなど、副交感神経が優位になっているときに分泌されます。

エンドルフィンは、人を愛したり受け入れたりするのに不可欠なもので、オキシトシンは触れることで分泌される、信頼関係の構築に欠かせないものです。これらの**幸福ホルモンは、バリバリ動いているときではなく、脱力しているとき（副交感神経が優位なとき）に出てきます。**そう聞けば、脱力を促す本書のワークのやる気も上がることでしょう。

私たちのなかには、幸福ホルモンが活性化しやすい体質の人や、幸福ホルモンが出やすくなる運動を日常的に行っている人がいます。リラックスしたり、のんびりするのがうまい人は、幸福ホルモンが出やすい人です。

幸福ホルモンがたくさん出ている人は、勝負にも非常に強い。なぜなら、根拠はなくても自信があるからです。「なぜだかわからないけど、大丈夫な気がする」「受かる気がする」という自信は、本番でのプレッシャーを大きく減らしてくれます。

自信に根拠なんていらない

自信に根拠なんてなくていいのです。どんな自信でも、ないよりはあったほうがいい。だから、どんどん幸福ホルモンを出していきましょう。幸福ホルモンがたくさん出ている人は、それだけで身体の内側から幸せがにじみ出て、キラキラします。オーラが出てくるのです。

では、どうも気分が落ちて、幸せを感じられないときは、どうすればいいでしょうか。いちばん簡単なのは、大股で歩くことです。すぐに気持ちが切り替わります。腰から下が脚だとイメージして、少しだけ「ナンバウォーク」にします。ナンバウォークとは、右手と右脚、左手と左脚を同時に出す歩き方です。私たちの祖先は、実は皆この歩き方だったそうです。ちなみに宝塚の男役もナンバウォークです。

とはいえ、さすがに普段ナンバウォークをするのは恥ずかしいので、腰から下を同時に出すというかたちでかまいません。ちょっとお尻を振って歩く感じになります。そうすることで歩幅が広くなるため身体がほぐれ、全身の血流もよくなります。リラックスすることで副交感神経が優位になり、幸福ホルモンもたくさん分泌されます。

問題は「解決しなくて大丈夫」

オーラのある人を見ると「あんなに輝いていて、いいな」「悩みなんて、ないだろうな」と思ってしまいます。でも、本当にそうでしょうか。

実は、自殺する人のなかには、「多幸感」のなかで死ぬ人も多いのです。理由は、「この幸せが、いつまで続くかわからなくて、こわい」というものです。「完璧な幸せを失う」というのは、実は恐怖です。まったく問題がないということが、逆に問題になってしまうこともある、ということです。人間って本当に複雑ですね。

ですから、私たちは問題を抱えていてもいいのです。大切なのは、問題があってもいかにイキイキしていられるか、ということです。それはオーラ持続の条件でもあります。なぜなら、問題は死ぬまでなくならないからです。

問題を抱えているということは大変なことです。でも、それを無理に解決しようとしなくてもいいのです。解決のタイミングは必ずやってくるのですから。

とくに**人間関係に関する悩みは、自分としては「今、解決したい」けれど、相手は「今のタイミングではない」と考えていることがほとんどです。**だから、自分が今できるのは、未来のために準備をしておくことだけです。相手がいつ受け入れてくれるかはわからないけれど、そのときのために準備をしておくのです。

脳が疲れていなければ、そのタイミングはきっとつかめるでしょう。時間が徐々に解決してくれることもあります。

問題にのみ込まれないような考え方を身につけることこそが、大切なのです。

とはいえ、そういう私も修行中です。最近、プライベートで不安なことがあって、その問題を抱えていたときに、「カウンセラーの私が、悩んでいていいのか。オーラが消えているのではないか」と、問題そのものよりもオーラのほうが心配になりました。でも、問題を抱えながらもイキイキできる自分を発見して、吹っきれました。私も日々、進化中です。

信じる力を最大化しよう

「本が読めずＳＮＳ中毒」は要注意‼

不安で仕方がない、悪いことばかり考えてしまう、という方がいます。勝負の日が近づいてくるとなおさらです。それは、脳が疲れている証拠です。

私も、その負のスパイラルにずっと悩まされていたので、よくわかります。例えば、過呼吸症候群による発作です。「また起きたらどうしよう」という不安が、発作を呼び起こしていたのです。

発作を起こすのは決まって会食中でした。「たくさん食べられない」「でも、会食だから残せない」「人に会うのがこわい」という緊張や不安が重なって、発作につながったのかもしれません。

「彼氏ができない」「結婚できない」といった悩みもそうです。彼氏が欲しいのに、またダメだった。先へ進めなかった。また同じようなところで別れることになるのではないかという不安。同じ失敗を繰り返すとトラウマになってしまい、新しい挑戦ができなくなってしまいます。

もし、悪いイメージばかり抱くようになってしまったら、この本の第1章をもう一度読んで、そのなかの好きなワークを実行してください。それは、第1章が脳の疲れをとること、脳を脱力することを目的としているからです。

もし第1章がきちんと読み返せたら、それだけでも十分です。なぜなら、本当に疲れている人は、本は読めないはずですから。本書のような自己啓発本を読めるレベルなら、度を越した脳疲労ではないということです。

これは私の基準ですが、脳疲労がひどくなり精神的に落ちてくると、自己啓発本が読めなくなります。そして、現実逃避のために小説に逃げます。小説は現実を忘れさせてくれるからです。でも、小説も読めなくなってSNSに走ったら、危険信号です。

不安があるときは「暇をつくらない」

未来への不安は、あって当然です。この本を手にとってくれた方には、未来という目標があります。ただ、**光り輝く目標がある分、影も濃くなります。それだけ不安も生まれてきます。**

不安が生まれたら、行動します。まずは第1章のワーク、もしくは第2章のワークでもいいでしょう。

アメリカの作家デール・カーネギーの言葉に「不安、不満は暇だから生まれる。不安が生まれたら忙しくすること」という内容のものがあります。忙しく動いていたら、不安が生まれる暇もありません。たとえ目標があっても、将来には不安がつきものです。不安に押しつぶされそうなときは、なんでもいいのです。動きましょう。

行動にはものすごい力があります。頭で気持ちを切り替えられなくても、行動で切り替えられるのです。この本が、ワークとセットになっているのはそのためです。

気持ちを変えるために、身体を使う。**同じ考えが頭のなかでグルグルと回って離れなかったり、気持ちがモヤモヤして落ち込んだりしているときは、行動すること、ワークをすることを覚えておいてください。**

自分を探したって、何もいいことはない

私の教室の生徒さんには、ストレスケア・カウンセラーの資格をとるだけでなく、それを仕事にしたいという人が、たくさんいます。でも、資格をとって、いざ職業とすることが見え始めると、「本当にやっていけるのだろうか」と、不安になってしまうのです。

先日、Nさんが「カウンセラーの仕事は、私に向いているでしょうか？」と聞いてきました。仕事にしてしまったあと、もし自分に向いてなかったらどうしようと悩んでいるのです。そもそも、「自分に向いている、向いていない」というのは、だれが決めることなのでしょうか。

私はNさんに言いました。

「今の段階で、もし私が、『あなたはカウンセラーには向いてないよ』って言ったら、やめるの？」

「そんなの、やってみなきゃわかりません」

「そうでしょ。だから、私に聞くことじゃないのよ。カウンセラーをやっている私だって、向いているか向いていないかなんて、死ぬまでわからない。死ぬときに、向いていなかったと思うかもしれないもの。でも、それも結果じゃないのよ。そんなことにこだわっていたら、適職は見つからないわよ」

このことを錯覚している人は多いと思います。**「自分らしく生きる」のと、「自分探し」とは別のことです。**というより、自分探しをしていると、自分らしく生きられないのです。

自分探しとは、「本当の私を発見する」ことです。「コンビニでバイトしているのは、仮初めの私、歌手になった私が本当の私」という感じでしょうか。

でも、「自分の本当のゴールは歌手で、それが発見されるべき自分なのだ」と考えていると、「そのゴールが、自分に向いていなかったら、どうしよう」と不安になります。そしてなにより、このように今の自分とゴールの自分を切り離す考え方をしていたら、ゴールに到達できません。

実は最終的なゴールなんて、ないのではないか。これからどうなっていくか、本当はみんなわからない——私もずっとそう思いながらも、最後のゴールを探し求めていました。「自分の場所はどこなんだろう」「私はどこで生きる人なんだろう」「私は何をするために生まれてきたんだろう」と、不安はつきませんでした。

そして今、「あ、私の仕事はこれだったんだ！」と思い、働いています。宝塚のとき以上に、そう思っています。でも、そのことよりも何よりも、まだまだ私は成長するという感覚があるのです。

もしかしたら、探していたゴールが見つかったときに、それが「スタート地点」だと思えることこそが、本当の道にたどり着いたということなのかもしれません。そうです。「これだ！」と思えるゴールが見つかったときに、そこで燃え尽きないのが、本当のゴールへの道なのです。燃え尽きるということは、自分の成長は「そこまで」と決めているわけですから。

勝負の日を目指している皆さんも、決してそこが最終ゴールではないことを覚えていてください。実はその日が、あなたの人生の、スタートなのです。

本番1週間前、やっておくべき5つのコト

勝負の日の前に「こんなことができたらいいな」ということをいくつか記しておきます。コンプリートする必要はありませんが、これらはすべてイメージ力アップにつながります。いくつか実践できたらいいと思います。

・未来の自分で過ごす

宝塚に受かってスターになりたいのであれば、スターになって生活します。私はスターなんだから、コンビニの前で立ち食いはしない。電車で座って眠ったりしない。「今はスターじゃないから、いい」という考え方では、未来にはつながりません。なりたい自分だから、思い描きながら行動するのは、楽しいはずです。

・部屋を変える

部屋の模様替えをするのもお勧めです。例えば、「スターの小部屋」に変えます。きっとスターの部屋には、お花がいっぱいあるだろう。だから、まず花瓶に1輪飾ろうというように、できる範囲でいいのです。

・未来の自分になって会場に行く

未来の自分になって、試験会場、オーディション会場を訪れるのもいいですね。なかに入ってみる、入れなかったらビルに触れてみるだけでも、当日の緊張感がずっと和らぎます。105ページでお話ししたことを実践していれば、そこはすでに、あなたの日常空間になっているでしょう。

・模擬試験、模擬面接をする

学校で模擬試験の予定を組めれば理想的です。そうでなくても、時間を決めて過去の問題を解いたり、家に試験会場をつくって、家族に試験官をやってもらって模擬面接をしておくのもいいでしょう。思わぬ発見があるものです。

・価値あるものに触れる

理想の自分が使っていそうなもの、例えば靴とか美容液とかを、まずは一つ手に入れましょう。価値のあるものを身につけたとき、どんな気持ちになるかを感じておきましょう。それに、ここまでがんばってきたのですから、自分にちょっとご褒美をあげてもいいはずです。

私の場合は「クリスチャン・ルブタン」のヒール、「ゴヤール」のトートバッグ、「エルメス」のベルトが今までのご褒美です。ブランド志向の方からしたら、まだまだプチレベルかもしれませんが、手触り、色、発色、履き心地、見た目など「ウットリ感」「ワクワク感」「ドキドキ感」があります。自分が少しレベルアップした「気分」になれるアイテムなのです。

それよりも、心にグッとくるご褒美は、宮古島の宮古ブルーの海を見ること。ほかにも沖縄の石垣島、北海道の富良野、神奈川の鎌倉など、日本には素晴らしい海や山がたくさんあります。そういった自然に触れることが、何よりのご褒美になっています。身も心も洗われる、そして風や香り、温度、湿度を五感で感じることで、感性が磨かれていくのがわかります。

ストレスだらけのときは私も、自然の風の心地よさなど感じられなかったし、緑の香りもわかりませんでした。今は、感じられる自分がうれしいのです。

素晴らしい自然や、上質なもののよさを感じると、そういうものに囲まれて生活したくなります。今すぐ宮古島に行くことはできませんが、良いものを手に入れることはできます。

将来のあなたは、今、日常使っているものとは別のものを使っているはずですから、今と同じようなものを取り揃えないことです。未来のあなたが使う価値あるものを、月に1個でも、半年に1個でもいいですから、揃えていくといいでしょう。

そして、身の回りのものがすべてこのクオリティだったらと、想像してください。

よいものを一つ手にすることで、自分を包む環境をリアルにイメージできるようになります。

本番前日、当日のベストな過ごし方

軽めの朝食で勝負脳が活性化する

勝負の日の前日は、よい睡眠をとることがいちばんです。夕食を抜くと睡眠の質が上がり、短くても深く眠れるようになります。

お腹が空きすぎて眠れないのなら、軽い夕食にしましょう。勝つためにと「トンカツ」にするのはやめてくださいね。肉が胃で消化されるまでの８時間、脳のエネルギーが使われることになり、それだけ睡眠の質が落ちてしまいます。炭水化物もお勧めしません。

胃にものを入れなければ、自律神経が沈静化し、脳が脱力して休まり、直感力、集中力、持続力、記憶力が活性化します。新鮮なアイデアも生まれます。

お腹がいっぱいのときは、血液が胃に集中するので、頭がボーッとしてしまいます。

勝負の日に空腹がいいのはそのためです。

かといって、前夜も食べていないか軽食にしているわけですから、当日の朝のごはんは、きちんととります。ただし、糖質のものと肉を多めにとることは避けましょう。お腹がいっぱいになって、いいことはありません。

便秘の人は、13日目のワークで行ったとおり、トイレに10分間座ってください。そして、腸が蠕動運動するイメージをします。便がたまっている状態と、すっきりしている状態では、その日の気分が違います。

朝は未来の自分の気分で、できるだけ早く出かけます。未来の自分の服装ができない場合は、メイクだけでもかまいません。

そして、一番に会場に入れたらいいですね。会場に着いたら周りをぺたぺた触って、自分のオーラで満たします。もうそこはあなたの場所です。そうしておけば、周囲の空気にのまれることはありません。

面接官とは「入社後の視点」で会話を

ここまで「未来の自分」で過ごしてきたのですから、面接でもそのように話します。入社面接であれば、「入社して仕事をしている自分」で話します。

つまり、「これからの自分を見てください」ではなく、「私はこういう社員です」という気持ちで話します。そうすれば、その会社でどんな仕事をしているかという具体的な話ができるはずです。

例えば建築士を目指しているのなら、どんなビルを建てているか、どんなデザインをしているのかという思いで、具体的な話をたくさんできるでしょう。

そのために、私たちは右脳を活性化、視覚映像化して行動するというイメージトレーニングをしてきたのです。

これまでのトレーニングは、「勝負の日の先」を見すえて行ってきました。ですからイメージは、勝負の日のあとのこととしてつくられているはずです。

「女優になりたい」ではなく「どんな映画に出るのか。どんな役を演じるのか」

「〇〇大学に入りたい」ではなく「どんな研究をするのか。どんな成果を出すのか」

「弁護士になりたい」ではなく、「どんなフィールドで働くのか。どんな貢献ができるのか」

を説明します。つまり、「入ったら成長します」ではなく、その先の自分で話をするのです。

本書でこれまでお話ししてきたイメージづくりを、十分に実践してください。

もし、直前に緊張してしまったら、何はともあれ、息を深く吐いてみてください。

勝負の日に緊張するのは、当たり前のことです。「緊張しているんだな」と自分を俯《ふ》瞰《かん》して、息を吐いてください。

21日目〜30日目のワーク

夢を予定にする10の習慣

3章のワークでは「未来計画図」を実際に書いていきます。勝負の日まであと10日の方であれば、10日間でできる内容にフォーカスし、まだ時間がある方は長期目標を書いてもかまいません。大切なのはぼんやりと頭で考えていることを、プラスの表現で書き出すことです。

自分の未来が必ずよくなるという前提があると、「今」が輝きだします。未来が必ずよくなると決めるのはあなた自身です。未来はまだ来ていません。だからこそ、右脳の想像力、映像化がモノを言います。

どんどんよくなる未来を想像して、今ワクワクして生きることです。今も最高だけどもっとよくなる、必ずよくなると何度も言い続けたり、絵に描いたりして自分の輝く未来を現実化していきましょう。それによって脳も活性化し、ストレス耐性が強くなるのです。

ハンス・セリエというカナダの生理学者が、1957年にストレス学説を日本に紹介してから、日本でもストレスという言葉が使われるようになりました。セリエのストレス対応法は次の3つです。

①目標をもつこと
②人の役に立つこと
③ストレスをコントロールすること

また、注目すべきは、２００９年に発表されたハーバード大学の幸福論が、セリエと同じようなことを言っているということです。

①必要とされること
②誰かを幸せにすること
③自分の力で何かをすること

人の役に立つことは目標をもつことに役立ち、目標をもつことはストレスをコントロールすることに役立ちます。それぞれに相互作用があるのです。ストレスをコントロールするにはスキルが必要です。スキルは自分に実力をつけることでもあります。

あなたはこのワークのなかで今、「人生がよくなる、輝く自分になる」というスキルを身につけつつあるのです。

目標というと「ノルマ」と感じてしまう方は、「未来計画図」として楽しいイメージをもちましょう。未来の「素敵な自分」を計画するのです。

例えば長期目標の一つとして結婚したい人なら、「どんな人と、どんなところで、どんな衣装を着て、いつ、だれに祝福されて、ハネムーンはどこで、どんな新居で、どんな朝を2人で迎える？」などを具体的にします。ワクワクすることをたくさん書き出したり、描いたりすること、これが「目標＝未来計画図」です。

この未来計画は、だれかに強制されるものではありません。自分で決めて自分で実行することです。自分の人生は自分で決められる。だから楽しいのです。小さな目標を達成するたびに、自分を認めてあげてください。

そうして自己評価をあげる体験を積み重ねることで、多くのことにチャレンジできるたくましいあなたに変わっていくことができます。失敗して傷ついても、人のせいにせずに、早く起き上がれるあなたになれるのです。

21日目

「○○になりたいな」は禁止、目標は断定形で

今日は、真っ白な大きな紙と、鉛筆を用意してください。

そこに、今のあなたの願望、例えば「○○になりたいな」「△△したいな」「◇◇に行きたいな」といったことを、童心に戻って、できるだけたくさん書き出してください。「これは無理」「これはダメ」と決めつけないで、思い浮かんだものをすべて書きます。一度書き出されたら、語尾を「～なりたい」「～したい」から、「～なる」「～する」という断定的に書き換えます。こうすることで、「願望」を「目標」に変えることができます。

前述したように、**「脳でイメージしたことは必ず現実になる」「脳は実現不可能なことを思い浮かべない」というのが脳の特徴です。**ということは、思い浮かんで書き出したことを目標にして実行に移せば、必ず実現するのです。

ただし、願望のまま置いておくと、それはいつか失望に変わってしまいます。例えば「今年こそ沖縄に行こう！」と考えていたのに、日々の生活に追われて気づいたら年末。「ああ、今年も沖縄に行けなかった。私ってダメだ」という経験が、皆さんにもあると思います。

願望をそのまま頭のなかにしまっておくと、行動を起こすことなく、「だれかがなんとかしてくれないかな」という依存心が生まれてしまいます。さらに「こんなにやりたいことがある私は、向上心も意欲もある」という勘違いを起こします。

でも、実際には行動は起こさないので、実現することはなく、いつの間にか願望は失望へと変わり、自己評価が下がっていきます。あんなに向上心や意欲があったのに実現できなかったという思いは、自分への大きな失望につながります。そしてストレスが高まり疲れてしまうのです。

もし、紙になかなか書き出せない場合には、制限時間1分以内で試してみてください。時間がたっぷりあるとなかなか思い浮かばないけれど、時間がないときほどアイデアが豊富にでるものです。

それでも、難しい場合は、息をたくさん吐くなど、身体の力を抜いてからもう一度チャレンジしてください。何度もお伝えしていますが、行き詰まったときは、脳疲労をとる第1章の身体の脱力トレーニングに戻ります。

これは決して遠回りなことではありません。身体の脱力トレーニングはきちんと積み重なっています。ですから、やればやるほど脳は活性化していくのです。

22日目

目標は「言葉＋数字」で具現化する

目標と願望の大きな違いは、数字になっているかどうかです。

願望はぼんやりとしていますが、目標は違います。計画を元に、数字ではっきりと示されるものです。

さあ、書き出したものを整理していきましょう。新しい紙を用意して、同じ意味のものは一つにまとめ、達成日をつけていきます。

例えば、「ＴＯＥＩＣで６５０点を取る」という願望を書いた人は、

「試験日は○月○日。リスニングで３００点以上、リーディングで３５０点以上を取る」

というように具体的にしていきます。

この時にも、「取りたい」ではなく、「取る」という書き方で、決意を計画表に載せてゆきましょう。

23日目

目標は「順番に並べる」

昨日のリストを、達成日の早いものから並べ直します。そのときの**ポイントは、1位にくるものは1日以内、3日以内、長期目標を揚げた方であれば、長くても1週間以内で達成できるものにします。**「人間関係をよくする」「5キロやせる」というような、すぐには達成できないものは1位にはもってきません。

そこを間違うと、目標を達成するまで、自己評価が低いままにとどまるからです。

また、挫折してしまいかねません。

当面達成が難しいと思われる大きな目標については、細分化するとうまくいきます。

例えば、次のようになります。

人間関係をよくする　⇓　今日1日で「ありがとう」を3回言う。

5キロやせる　⇓　1週間以内に500グラムやせる。
今日中にダイエットの方法を選んで決める。

糖質制限をする　⇓　夕食だけ、お茶碗半分にする。

大切なことは、今、そのことにどれだけワクワクして取り組めるかです。なりたい自分につながっている「今」を、どれだけ楽しめるかが大きなカギです。

時間はつながっています。「今」という瞬間が重なって「未来」をつくります。「今」が楽しければ、苦しかった「過去」でさえも変えられます。もちろん過去そのものはだれにも変えられませんが、「過去」の「受け止め方」は変えられます。

「あの時はつらかったけど、あの経験があったからこそ、今がある」と思えるようになるには、今が充実している必要があります。今が輝いていれば、未来も過去も必ず輝かしいものになります。

24日目

目標をやり遂げるのにも「順序」がある

ここでは、1位に掲げた目標をやり遂げるという思いを強くしてください。大切なのは、自分で決めて実行するという自主的決定ですから、**1位にもってくる目標は、絶対に自分で決めて、絶対に成し遂げてください。**

目標は、自分にストレスを与えるものではなく、日々の生活をイキイキさせるものだということを忘れないでください。どのようにすれば自分が楽しめるかを考えること、工夫することが大切です。

25日目

達成するごとに「修正、見直し」を

１位に掲げたテーマをやり遂げたら、目標を見直します。必要ないと判断したものは削除して、別のことを加えてもかまいません。とくに加除修正がない場合は、そのまま次の２位のテーマに取り組みます。

見直してみると、やってみたけれど自分に合わなかった、つまらなかった、モチベーションが上がらなかったなど、いろいろな理由があるでしょう。**「やってみて違った」と感じたことは、見直して削除してもいいでしょう。**

26日目

目標は「生き物」だから常に栄養補給を

目標は「毎日見る」ことが大切です。 目標は生き物ですから、栄養を与えなければ枯れてしまいます。その栄養が、「毎日見る」ということなのです。

皆さんは、強く決心したはずのことを、すぐに忘れたりしていませんか。決心だけでは、夢を実現するのには不十分です。目標を毎日見ることで、脳がそれを実現しようと働いてくれます。

歌手のアンジェラ・アキさんは無名だったころ、「3年後に武道館でコンサートする」

と紙に書いて、部屋の壁に貼って毎日見ていたそうです。そして、見事3年後にそれを実現しました。

オリンピックのボクシング金メダリストの村田諒太選手は、「金メダルを取りました！　ありがとうございました！」と書いた紙を冷蔵庫に貼って練習を積んでいたそうです。**今はまだ手にしていない目標を、すでに実現したこととして書く。ぜひやってみてください。**

私もカウンセラーの資格試験に一度落ちて、2回目に挑戦するとき、「合格しました。ありがとうございました」と冷蔵庫に貼って毎日見ていました。過去の事実として書いたその言葉を見るたびに「ドキッ」としたのを覚えていますが、脳が反応していたのでしょうか、心地よい緊張感でした。

その紙を見ると、勉強したり、練習したりと、何かしら行動を起こすのです。そして無事に合格することができました。

27日目

「右脳活性化の4つの方法」でイメージ力アップ！

目標はうまく立てられましたか？　そして、日々、取り組んでいますか？

目標達成のために大切なことは、達成した自分をどれだけ明確にイメージできるか、ということです。イメージは右脳の働きであることは、68ページのコラムでお伝えしました。では今日は、その右脳を活性化するレッスンをします。

1. 音楽を色で、色を音楽で表現してみる。
2. 目の前にいない人をほめる。

3．（右利きの人は）左手を使う。

4．息を吐く。

女優の財前直見さんは、右脳を活性化させるために、毎朝左手で日記を書いているそうです。私たちも、何か右脳活用の習慣をつけたいですね。

28日目

自分への「ご褒美」も忘れないで

今までの自分へのご褒美として、なんでもいいので好きなことをしましょう。今まで行ってきたトレーニングのどれかでも、少し我慢してきたことでもいいのです。思いきりやってみて、何かを感じてみてください。

勝負の日のあとに、やりたいことをたくさん書き出すのも楽しいですよ。私の「本を出したらやりたいことリスト」では、「旅行に行く、お風呂にゆっくり入る、ストレッチを受ける、出版記念パーティーをする……結婚する！」となっています。

29日目

リンパの流れをよくする「90秒ストレッチ」

いよいよ本番の前日です。今日は内臓疲労をとり、リンパや血液の流れをよくする簡単な90秒ストレッチをご紹介します。疲労回復に努めましょう。

このストレッチはすぐれもので、即効性があります。生理前などのうっ血やむくみ、頭痛などにもパワーを発揮してくれます。簡単ですので、ぜひ本番前日にも行って頭をスッキリさせてください。

「90秒ストレッチ」

1

ひざの上をネクタイなどのひもで固定。正座をした時に、ひざが離れないように。ひざの高さが同じになるよう、しっかり固定する。

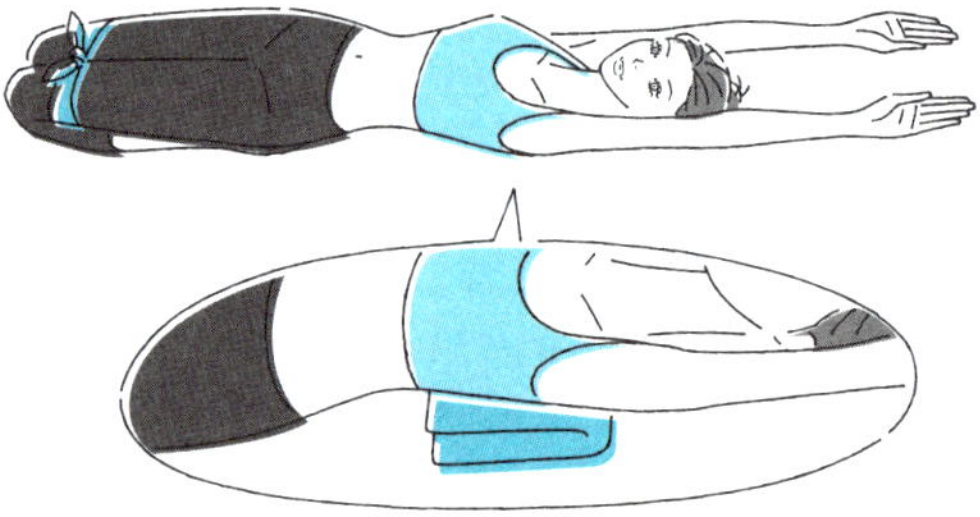

2

上体を後ろに倒して、両手を上げ、30秒キープする。これを2，3回繰り返す。

30日目

自分を励ます「8つの魔法の言葉」

1. 私は今、勇気や自信に満ちあふれている。
2. 私はできる。できないことはない。必ずできる。
3. なるようになる。
4. 今日も必ずよいことがある。
5. 私は「もっている！」
6. 私はいつも明るく元気。
7. 何をしてもうまくいく。
8. 私は日に日にあらゆる面でよくなっていく。

大丈夫、勝負の日の主役は「あなた」です！

あなたは30日間、夢に向かって取り組んできました。
まずは、そんな自分をほめてあげましょう。
始める前より、ずっとキラキラしていますよ。
一日一日の積み重ねが、今のあなたをつくったのです。
一日一日の積み重ねが、あなたのオーラを輝かせています。

うまく取り組めた日も、あまりうまく取り組めなかった日もあったでしょう。
でも大切なのは、取り組んだこと！　経験したこと！　体験したこと！
それにより、いろいろ感じましたね。
その磨かれた感性が、今、あなたを輝かせています。
自信をもってください。
それだけのことをしてきたのですから。
成功している自分をイメージしましょう。

そして、ワクワクしてください。
大丈夫。今日の主役は、あなたなのですから。

【著者】
真織由季（まおりゆき）

1967年横浜生まれ。ストレスケアカウンセラー。
jenneVBM宝塚受験クラス講師。日本アンチエイジング歯科学会理事。日本歯科ＴＣ協会関東支部顧問。宝塚音楽学校を卒業後、1986年宝塚歌劇団で初舞台。新人公演では『ベルサイユのバラ』のオスカル役に抜擢される。星組にて男役スターに就任するも、心身の不調によりトップスターを目前にして退団。その後女優として数々の舞台で活躍。自らストレスに苦しんだ経験から、ストレスケア教育のパイオニアＢＴＵにて学び、講師資格を取得。2013年にはBTU後楽園を飯田橋駅前に開設し、教室長として活動している。著書に『プラス』（ポプラ社）、『心の疲れをス～ッと消す方法』（KADOKAWAメディアファクトリー）がある。

勝負の日に「最高の私」になる30日レッスン

2015年12月20日　第1版第1刷発行

著　者　真織由季
発行者　玉越直人
発行所　WAVE出版
〒102-0074　東京都千代田区九段南4-7-15
TEL　03-3261-3713　FAX　03-3261-3823
振替　00100-7-366376
E-mail: info@wave-publishers.co.jp
http://www.wave-publishers.co.jp

印刷・製本　萩原印刷

NDC159 223p 19cm
ISBN978-4-87290-775-9